本书受到2020年度国家社会科学基金项目"数字时代
员工群体工作重塑的结构、前因组态及动态效应的跨
研究"的（20BGL149）资助。

高校青年教师职业生涯
管理研究

RESEARCH ON CAREER MANAGEMENT OF
YOUNG TEACHERS
IN CHINESE UNIVERSITIES

苗仁涛 著

经济管理出版社
ECONOMY & MANAGEMENT PUBLISHING HOUSE

图书在版编目（CIP）数据

高校青年教师职业生涯管理研究/苗仁涛著．—北京：经济管理出版社,2022.12
ISBN 978-7-5096-8831-1

I.①高… Ⅱ.①苗… Ⅲ.①高等学校—青年教师—师资培养—研究—中国 Ⅳ.①G645.12

中国版本图书馆 CIP 数据核字（2022）第 240919 号

组稿编辑：郭丽娟
责任编辑：任爱清
责任印制：黄章平
责任校对：蔡晓臻

出版发行：经济管理出版社
　　　　　（北京市海淀区北蜂窝 8 号中雅大厦 A 座 11 层　100038）
网　　址：www. E-mp. com. cn
电　　话：(010) 51915602
印　　刷：唐山玺诚印务有限公司
经　　销：新华书店
开　　本：720mm×1000mm/16
印　　张：11. 5
字　　数：207 千字
版　　次：2023 年 2 月第 1 版　　2023 年 2 月第 1 次印刷
书　　号：ISBN 978-7-5096-8831-1
定　　价：88. 00 元

前　言

　　本书是基于 2016 年度北京市教育委员会社科计划重点项目/北京社会科学基金项目"北京市高校青年教师职业幸福感与绩效提升的跨层次路径研究"（SZ20161003820/15JGB211）的系列研究积累而来，并在该课题关于职业生涯管理研究的基础上，在人—组织（价值观、工作、岗位及领导）不匹配/不一致（misfit）条件下，针对工作重塑和战略人力资源管理（高绩效人力资源管理系统）的相关研究设计，申请获批了 2020 年度国家社会科学基金一般项目"数字时代弱势员工群体工作重塑的结构、前因组态及动态效应的跨层次研究"（20BGL149），该课题的部分研究成果也是本书的重要支撑。

　　职业生涯开发与管理作为组织行为与人力资源管理领域的一项重要研究内容和发展方向，也才是最近十年的事情，甚至有国内高校已经将其从组织行为与人力资源管理系分离出来成立了"职业开发与管理系"①，标志着职业开发领域取得关键突破。尽管如此，我们相信职业开发与管理研究还有很长的路要走，仍处于并将长期处于研究的初期阶段，因为一个学科成熟的关键标志是本科招生及硕士博士点的获批，从而成为一门独立的学科。

　　随后，相关的全国学术型学会也应运而生——劳动经济学会职业开发与管理分会已于 2018 年成立。尽管与西方对这一领域的研究相比还存在差距，特别是在职业理论探索、职业工具开发以及具有划时代意义的经典著作等方面差距明显，但就整体而言，中国在该领域的研究已经从单纯地引进、介绍、验证、消化、吸收、应用等阶段，逐渐转向基于中国具体管理情境进行的具有一定创新性与前沿性的本土化职业生涯开发与管理研究，并力争能够与西方学者就该领域研究进行对话与合作。事实上，也正是这十余年的持续研究和快速发展，上至国家，下至组织、企业，甚至是个人，均已认识到做好这项工作对促进国家、社会、组织和个人职业生涯发展都具有十分重要的意义，职业生涯开发热也在一定

---

　　① 中国人民大学劳动人事学院是第一所设立"职业开发与管理系"的高校，周文霞教授及其团队在其中发挥了关键作用。

程度上反映了这一点。因此，很多高校（热衷于对大学生、研究生的职业开发）、社会组织及企业，甚至是高中及义务教育阶段的学校也在职业生涯开发与管理上投入巨大的精力，试图构建一个先进的、科学的职业生涯开发体系。然而，学者和高校对高校教师，特别是青年教师的职业开发与管理的研究相对较少，青年教师作为"学术青椒"，处于职业生涯的早期，未来职业生涯还很漫长，是科研和学术的主力军，需要给予特别关注，甚至是对其职业生涯管理研究中的部分内容仍属空白，有待进一步研究和关注。

随着"人才强校战略、全力打造一流人才队伍建设"及"双一流建设"的广泛实施，大量取得较高学术造诣的高层次优秀青年学人（同期知名高校博士毕业生中的佼佼者）抱着"澎湃的学术热情""高远的学术理想"和"唯美的学术追求"，甚至是"良好的社会地位""传说中的高薪待遇"及"安定的职业生涯"等从业或职业动机陆续进入高等学校，是那种"别人家的孩子"，一时成为时代的宠儿（New Age Darling）而令人艳羡。

然而，"非升即走""非升即转""聘任制的预聘—准聘—长聘""末位淘汰"（部分高校将其调整为"末等调整"或"不胜任退出"，更显人性化）等政策在全国高校，尤其是重点高校及一线城市高校逐渐成为通行做法，这种打破终身主义的"铁饭碗""终身制"和打破平均主义的"大锅饭"，旨在解决国内高校普遍存在的"计划""慵懒""论资排辈""社会性惰化"等顽疾的举措与思路，却产生了两种截然相反的结果，既令人感到欣慰和欣欣鼓舞，也略微令人有些遗憾和焦虑。必须承认，尽管打破教授终身制推行起来困难重重，但高校的系列改革与政策实施具有一定的科学性、积极性和创造性，能够极大地激发广大教师的内外在动机并有效地促进竞争，从而帮助高校做到对教师进行优中选优，推进能进能出、人才流动，强化学术激励，以及保障教师的职业安全等。高校科技创新能力大幅提升，体制机制改革持续深化，服务国家重大需求成效显著，为创新型国家和教育强国、科技强国建设做出了重要贡献。但是，实践中暴露出的"科研过载"、人事管理双轨制，以及对青年教师的考核评价体系是否健全，竞争导向是良性还是恶性，职业成长是否切实得以促进，身心健康（幸福感及倦怠）是否得到关注等问题是值得关注的。比如，考核周期过后，处于相同政策环境下的青年教师群体却产生极大分化：或"高歌猛进"或"步入平庸"，现实是该政策正致使部分进入高校的青年教师身心俱疲且离其学术理想渐行渐远。以往他们经常被冠以"一高二低"，即高学历、低收入、低生活质量（《工蜂》，2012），而现在要再加上"一低"，即低稳定性。因为这些青年教师正受到"职称拥堵"（僧多粥少）、"科研过载"（校院两级不断以科研加码青年，甚至出现讲师、副教授的科研成果分别明显优于副教授、教授的现象）、"薪酬偏低""末等调整"及"关怀不够"等冲击而成为高校中的"弱势"群体（Vulnerable Group）。因此，出于现实需要——对职业成功的追求，青年教师就必须积极地关注他们的职业成长，因为职业成长是解决上述系列难题的关键且有效途径。

与此同时，职业领域具有"无边界""易变性""多变性"特征的"无边界职业生涯"（Boundaryless Career）/"新职业生涯"（New Career）也在我国高校显现，"去"或"留"促使青年教师开始更多地思考并依赖其个体在职业生涯管理中发挥独立主动的作用，他们认为自我职业生涯管理（个体层）才是职业生涯管理最核心的内容，应该取代组织职业生涯管理（组织层），在职业生涯管理中占主导地位。这也成为一段时间以来学界与实践界的主要关注点。那么，在无边界或新职业生涯条件下，高校对青年教师的职业生涯管理是否真的不需要再承担责任？答案是否定的。尽管无边界职业生涯导致职场或主动或被动的流动性持续增加，类似情况在我国高校也有所显现，但相较而言，我国高校教师的流动性仍处于较低水平。事实上，教师的自我职业生涯管理一定会依托学校这个平台，平台资源越丰富越受欢迎，因为职业成长与成功不仅是员工个人的责任，也是组织应尽的义务，组织的关怀、支持和援助也有助于缓解员工压力，促进其取得职业成长。数据显示，青年学人在选择高校就业时，通常会把学校的平台和提供的职业发展机会作为优先因素考虑，因而促使组织日益重视员工的职业生涯管理，以吸引、保留、培养和激励优秀青年教师。

因此，首先，本书专注于我国高校青年教师面临的职业发展困境，通过关注高校青年教师的职业生涯管理，梳理和探索本土高校青年教师的组织职业生涯管理与个体/自我职业生涯管理的内容，从组织和个体双赢的角度明确界定新职业生涯条件下我国高校青年教师的组织职业生涯管理与自我职业生涯管理的内容，开发和编制能够真实反映中国高校文化和社会背景的组织职业生涯管理与个体职业生涯管理量表。其次，扩充现有的关于职业生涯管理对结果变量的影响机制及作用边界研究，建立职业生涯管理作为"联结"作用和"边界"作用的综合模型，揭示双向视角下职业生涯管理在青年教师职业成长及发展过程中扮演的关键角色。再次，探究职业生涯管理研究中主动性行为（Proactive Behavior）的工作重塑所呈现的员工"自下而上"（Bottom to Up）的行为，以及其在由传统的以组织与管理者为主导的"由上而下"（Top to Down），员工被动接受的"工作设计""工作模式"及"雇佣关系"中发挥的重要作用。最后，针对"即将毕业的博士生—博士—青年教师—副教授"这一职业发展路径（高校职称序列中的副教授已经属于高级职称，代表了稳定性——长聘合同），如何尽快跨越"组织社会化"过程，就需要促进即将毕业的博士生、博士及青年教师了解和掌握我国高校的发展历程与分类、博士择校的方式方法、高校教师的日常工作状况及可能面临的压力，有效应对高校的"非升即走""非升即转""末位淘汰"举措，以及高校与教育主管部门对此进行必要完善的合理化建议等，以最终实现高校与青年教师双赢。

本书由笔者亲自撰写，并进行了本书的结构设计、逻辑梳理、内容调整、用语恰当与否等工作，以追求著作的学术性、实践性、精细化和精益化。

由于本书是笔者一人撰写和整理，受时间、精力和能力所限，书中难免有疏漏之处，欢迎研究同行和读者批评指正，探讨交流。

苗仁涛

2022 年 3 月于海淀远大园

目　录

第一章 绪 论

第一节 研究背景

当前①，对人才特别是优秀人才的需求比以往任何时候都更加迫切和突出。习近平同志也反复强调"要坚定和加快实施人才强国战略，并确立人才引领发展的战略地位"②。事实上，人才资源作为第一资源——千秋基业、人才为本，其重要意义业已得到充分认识，并在各行各业得到实施、强调和重视。特别是在百年未有之大变局开端的当下，东西两方、南北两边、中美两国均处于较为剧烈的经济结构与发展方式的大转变大调整、大国关系与国际体系的大重塑、生产方式与生活方式的大变革之中，大国战略博弈全面加剧，不确定不稳定因素明显增多，部分甚至全方位的竞争、博弈乃至冲突或已不可避免，那么中国靠什么参与竞争，核心竞争力从何而来，新机遇又在哪里？答案当然是取决于人才的数量、竞争力和创造力。

然而，近年来社会的热搜话题"35 岁职场危机""35 岁焦虑感"③指出，不断用年轻人"替换"年富力强、经验丰富的 35 岁职场人的做法，不仅"难以持久"，还说明不少领域和企业正处于低水平的生产环境中，缺少真正意义上的创新力，产品可替代性极高。所谓的激烈行业竞争，依然停留在"复制粘贴"阶段，催生出的就是我们所熟知的"内卷"。④ 35 岁本应是个人职业生涯中的确立

① 2017 年 10 月 18 日，中国共产党第十九次全国代表大会报告提出了中国发展新的历史方位——中国特色社会主义进入了新时代。

② 《人民日报》（2018 年 5 月 27 日 05 版）。

③ 《光明日报》（2020 年 12 月 17 日）。

④ 内卷（Involution）与演化（Evolution）相对应，就是向内演化或绕圈圈即内部竞争，本意是指人类社会在一个发展阶段达到某种确定的形式后，停滞不前或无法转化为另一种高级模式的现象。当社会资源无法满足所有人的需求时，人们通过竞争来获取更多资源。明明已经靠近边界这个天花板，但却又不断自我激发，繁复化、精致化，是一种无实质意义的消耗。现在多用高校学生来指代非理性的内部竞争或"被自愿"竞争。例如，无意义的精益求精、简单的问题复杂化、为了免责被动地应付工作、与预期的目标严重偏离的工作、低水平的模仿和复制（典型内卷）、限制创造力的内部竞争（制度性内卷）、在同一个问题上无休止的挖掘研究等。

阶段/黄金年龄段（源于萨柏在 1953 年和格林豪斯在 1987 年提出的五阶段理论），既有一定的人生阅历和工作经验，也有丰富的精力和宽广的视野，正是褪去青涩、走向成熟的大好时光。可在求职路上，某些单位出于控制成本、方便管理的考虑，也包括国家机关对报考公务员 35 岁以下的年龄限制，这种"35 岁危机"已经成为科技或互联网企业—普通企业—政府等存在的普遍社会现象。另外，国民退休年龄将有可能延迟。如果从 22 岁开始工作（何况继续读研读博的人日渐增多），到了 35 岁，也才工作了 13 年，而 35~65 岁，却有 30 年的工作时间。再来看我们的预期平均寿命，"十四五"期间，将达到 78.3 岁。也就是说，如果一个 35 岁突然失业的普通打工人，等待他的可能是长达 43 年的"失业"，或者更为贴切的说法是，长达 43 年频繁往复的"下岗再就业"。

同样地，深入实施"人才强校战略"，大力加强"双一流建设"，已成为奋力开创我国高校新时代人才工作格局的重要驱动力量。各高校将人才引进作为重中之重，把汇聚一流人才与人才自主培养结合起来，以青年人才队伍建设为重点，提高人才引进和学科建设需求的匹配性，并以第三方同行评议和深度面试为抓手，严把引人质量关，实现"人才—平台—学科"三位一体、互为支撑的良性互动局面，最终形成"以才引才，以才聚才"的人才引进、人才培养的"集聚效应"。因此，大量取得较高学术成绩、表现优异的同期博士毕业生中佼佼者的青年学人们，怀揣着学术热情、理想和追求，并以"良好的社会地位""高薪待遇"及"职业安定"为职业动机而陆续进入高校①，一时成为时代的宠儿（New Age Darling）。然而，"非升即走""非升即转""预聘—长聘""末位淘汰"政策② 在全国高校尤其是重点高校及一线城市高校逐渐普及化/普遍化，这种打破"铁

---

① 不同于本科生和硕士研究生未来职业中不继续从事自己所学专业的"沉没成本"较低，博士更换专业的"沉没成本"（Sunk Cost：指由于过去的决策已经发生的，而不能由现在或将来的任何决策改变的成本）更高，因为本科教育由专业教育（着力提升核心竞争力）和通识教育（着力强化适应任何职业的能力）组成，这种兼顾性即是为未来从事任何专业提供支撑和竞争力，而博士则不同，十数年持续性的专业专注以及年龄更大，致使转型成本更高、代价更大。并且，企业有自己的利益诉求，员工的个人发展、专业爱好，甚至能不能适应企业的需求，都存在高度不确定性，相反，高校既可以提供博士长期从事所学专业的平台，还可以提供其以什么方式（科学研究、教学研究、社会服务、成果转化等）运用其专业的机会。此外，相对而言，高校教师拥有较高的社会地位、良好的工作及职业稳定性，尽管目前高校教师的薪酬缺乏竞争力，但人才强国战略业已实施，国家愈加重视高校教师，在可预期的将来，高校教师获取有竞争力的薪酬也是可期的。

② "非升即走"（Up or Out）政策或制度（源于营利性组织的员工管理与激励制度），是中国高等院校人事制度改革的一项重要举措——竞争淘汰机制，即对新聘教师（一般指助教或讲师）在试用期内实施预聘制（预聘岗位聘期为 3 年，最多签订两次合同，即 3+3），如果达不到或预期达不到晋升副教授或更高级别职称的考核标准，将被淘汰和解雇，抑或被调配到非教研岗位。其最早出现在 20 世纪 40 年代的美国高校，我国清华大学于 1993 年试点该政策，之后逐渐被其他国内高校引入。

饭碗""终身制""大锅饭",旨在解决国内高校普遍存在的"计划""慵懒""社会性惰化"① 等现象的举措与思路,不可避免地产生了两种截然相反的结果而令人疑惑和焦虑。必须承认,高校的系列改革与政策实施具有一定的科学性、积极性和创造性,并能够极大地促进竞争,从而帮助高校对教师优中选优,但对青年教师的评价考核体系是否健全,竞争导向是良性还是恶性,教师职业成长是否切实得以促进,身心健康是否得到关注,以及高校是否存在使用廉价的"学术"劳动力等方面是令人疑惑的。因为就目前来看,该政策的实施仍存在较多不足,甚至呈现出某种程度的残酷性②,例如,考核周期过后,处于相同政策环境下的高校青年教师群体却产生极大分化:或"高歌猛进",或"步入平庸",现实是该政策正致使部分甚至是大部分进入高校的青年教师身心俱疲且离其学术理想渐行渐远,并没有成为时代的宠儿。以往他们经常被冠以"一高二低",即高学历、低收入、低生活质量(《工蜂》,2012),而现在则要再加上"一低",即低稳定性。因为这些高校青年教师③正受到"职称拥堵"(僧多粥少)、"科研过载""薪酬偏低""末位淘汰"及"管理机制落后"等的冲击而成为高校的"弱势"群体(Vulnerable Group)。

2012 年,始于国内互联网公司学习华为"狼性文化"(Wolf Culture),特别是 2019 年以来诸多公司员工猝死事件的发生,致使社会公众开始关注并热议中国职场(尤指互联网公司与科技公司)充斥着的"996""997"工作现象④。全国两会委员建议对"996"工作制进行监管。

然而事实上,中国高校,尤其是重点或排名靠前的高校,其教师,特别是科研与生活重压下的中青年教师早在十几年、二十年前就开始或主动或被动地投身

① 社会性惰化(Social Loafing),是指个体在群体中工作不如单独一个人工作时努力的倾向,即群体一起完成一件事时,个人所付出的努力比单独完成时偏少。进一步地,团队中因他人的存在,发生能降低个体能力的丧失协调、降低责任感的现象。
② 武汉大学 2015 年正式启动聘期制教师选聘工作,2018 年底首聘期到期的共有 69 人,通过个人申报、业绩展示、学院审核、学部专家组评审和学校审定,在正式申报的 48 人中(含 42 名聘期制教师),只有 6 人被直接聘任为固定教职副教授(徐菁菁,2021)。事实上,从 2020 年开始,国内以北京大学、清华大学等高校为代表的首批实施"非升即走"的聘任制高校,即将"收获"聘期制的成果。
③ 年轻教师,不同于青年教师,其是指博士毕业没几年,30 岁左右,且通常不超过 35 岁;青年教师则是指 40 岁或 45 岁(不同国家、社会和学者对此定义不同)以下的高校教师。但本书中没有对此进行明确区分,经常混用,均指博士毕业后进入高校工作,为了职称晋升而奋斗的讲师,有时也指副教授。
④ "996""997"工作制是指早 9 点上班,晚 9 点下班,中午和傍晚休息 1 小时(或不足),工作 10 小时以上,一周工作 6~7 天,代表时下中国企业盛行的加班文化。

于"996""997"工作模式了①，并且在21世纪的头十年，已经有高校陆续出现教师，尤其是中青年教师猝死或非正常死亡的情况②，他们往往是青年才俊，年纪不大，但科研成果已非常优秀。这是广大的社会大众所不知道不了解的，并且很多人以为高校教师工作很轻松、时间很自由、还有两个假期，实在是"太美了"。例如，我们经常会听到："高校教师也不用坐班，上完课就走，时间自由支配，工作稳定，多轻松、多自由、多安逸，还嫌待遇低呀！"③

但内行人都知道，高校教师其实是没有"下班"这个概念的，只有在家还是在办公室（实验室）的区分。他们的工作几乎是全天候、全覆盖、全方位的，尤其是人文社会科学领域，教学与科研背后需要大量的"隐性"时间。这里不得不提这样一个关键术语——影子工作（Shadow Work）④，其是指消费者使已购商品变为可用物品的任何劳动，此概念迁移到高校教师身上，就包括青年教师成长为好教师、好学者的任何工作和时间。一个对教学负责并且处于学术成长期的高校教师最宝贵的就是时间，他们的工作绝不是朝九晚五就可以解决的，而是要靠自觉、自律和自我剥削来完善和提高自己。作为一种职业，高校教师的问题不

---

① 1998年，中国政府启动了"985工程"。2002年，教育部正式启动了多以量化指标为评价指标的一级学科排名。2003年，上海交通大学向全世界公布了第一份世界大学排名，各高校越来越重视论文数量、课题数量，量化指标开始成为重要学术奖励的标准。特别是2011年，教育部宣布不再新设"211工程"和"985工程"两个工程的高校。2015年8月18日，中央全面深化改革领导小组会议审议通过了《统筹推进世界一流大学和一流学科建设总体方案》（以下简称"双一流"），进一步激化了高校对教师的导向，致使其热衷于对科研评价指标体系占比权重最大的科研发表的追逐。

② 近三年，如中山大学生命科学学院赵勇教授（45岁，2021）、上海理工大学出版印刷与艺术设计学院吴建安副教授（49岁，2021）、内蒙古师范大学历史文化学院白玉双教授（45岁，2021）、华中科技大学武汉光电国家研究中心周军教授（42岁，2020）、四川大学华西医院唐江涛副教授（40岁，2019）、中山大学中法核工程与技术学院张小英教授（46岁，2019）、河南大学物理与电子学院王渊旭教授（46岁，2019）、中南大学湘雅医院肖育众副教授（31岁，2019）、上海财经大学经济学院金煜副教授（39岁，2018）、中南财经政法大学文澜学院赵艳云博士（35岁，2018）等。

③ 出自一位北京市财政局干部之口（有关适度规范高校教师薪酬待遇的沟通会议），由此可知，其他社会大众会如何看待高校教师的付出与收入。高校教师有光鲜的一面，但很多人没有看到高校教师为了走到这一步的艰辛与付出。有个段子是这样说的：我们在认真听讲时，你在睡懒觉；我们在补习功课时，你在打游戏；我们在埋头读书时，你在谈恋爱；我们在查资料苦读时，你在抽烟喝酒玩同居。然后你说"不公平，为什么他们工作轻松、自由、工资高？"

④ "影子工作"术语最早由奥地利哲学与社会评论家伊凡·伊里奇在1981年提出，对社会工作中的有偿工作和无偿工作有着深入研究的"影子工作"的研究先驱哈佛大学社会学博士克雷格·罗伯特出版的专著《影子工作》，又称为《无偿》（Shadow Work, The Unpaid, Unseen Jobs that Fill Your Day），试图揪出阻碍人们生活脚步的罪魁祸首，重新审视和定义我们的工作。

是"时间都去哪儿啦"[①]，而是"时间从哪里来"（刘贝妮，2015）。

此外，不少中青年学术骨干教师在取得骄人的学术成绩的同时，也在不断地被赋予"各种各样"及"形形色色"的行政职务和社会职务（如院长助理、系主任、党支部书记、研究所所长、特约研究员、特聘专家、专家组成员、学会秘书长/副秘书长、常务理事等）。我们相信每个人的时间和精力都是有限的，且行政兼职的意愿、身体状况、工作家庭平衡、专长及擅长与否也都是需要组织及上级领导予以考虑的。首先，这些行政与社会职务是否会影响中青年教师在研究时间和精力上的投入，进而干扰学术及创新进取与产出？答案应该是肯定的。其次，上述提到的疲惫不堪、过劳成疾的中青年教师也不在少数。他们正风华正茂、年富力强、无所畏惧，也充盈着阅历和冲劲并兼具迸发的勇气，生命忽然逝去，遗憾至极，既是国家的巨大损失，更是家庭的灭顶之灾，这需要引起国家、社会及个体的关注和重视。必要的政策也应该适时出台，防止中青年教师过度劳累和积劳成疾，同时也要赋予他们创造轻松工作的机会，因此建议中青年教师们能够爱惜自己的身体并关注自己的健康，少加班、少熬夜，注意劳逸结合。最后，适逢变革的大时代，高等教育亦是如此，专业要调整、课程要改革、水课变金课、慕课教学、翻转课堂等教育教学改革事项，尤其是上述提到的国家及教育部的系列工程建设对高校的要求是越来越高（甚至一些高校只追求少量且被严格限定的中英文权威期刊发表的论文[②]和国家级课题作为职称晋升的标志性和代表性成果），随之而来的科研绩效考核要求也水涨船高，并快速攀升。科研要求的提高确实有其积极的一面，不但极大地提高了青年教师的科研水平，拥有高质量研究成果和高水平学术论文的教师也日渐增多，但正如前文所提到的"职称拥

---

① 教师工作时间首先应该包括与教学直接相关的时间及和与教学间接相关的时间，具体包括学生常规课程活动的测试作业时间、备课时间、指导学生时间、批改试卷和作业时间、专业发展时间、会见家长时间、教师大会时间、常规学校事务时间，以上均不包括付费的加班时间；其次包括科学研究时间，可分为课题申请书撰写及研究时间、有酬论文写作时间；再次包括管理时间；最后包括社会服务时间。

② 这里存在一个容易被忽视和误解的问题，即学术文章及权威期刊文章到底有没有用？是否就不能或直接或间接并有效地推动国家经济与社会的发展？答案是否定的。基于西方100多年的学术发展，专业领域内的学术期刊在推动科技的进步、经济的发展以及社会的进步方面发挥了重要作用，特别是这一次在已经持续近三年的新冠肺炎疫情中的表现尤其令人印象深刻，即所有的疫情信息、数据、毒株、毒株变异、有效药物、疫苗研发等均需要基于得到"同行评议"并得以发表的学术期刊的背书，才能获得世人的认可和使用。这也是有史以来，世界第一次有了获得世界卫生组织批准的非西方国家的新冠疫苗，为实现中国新冠疫苗作为全球公共产品特别是在发展中国家的可及性和可负担性又迈出了跨越性的一步（2021年5月7日，世界卫生组织（WHO）总干事谭德塞博士宣布，国药集团中国生物北京生物制品研究所研发生产的新型冠状病毒灭活疫苗（Vero细胞），获得世界卫生组织紧急使用授权，纳入全球"紧急使用清单（EUL）"）和应对举措获得国际卫生组织及国际间组织的认可。

堵"（僧多粥少），时常出现这一状况，导致即便按去年的职称评定标准可以成功获得晋升的教师成果，由于水涨船高今年可能就晋升不了而功败垂成，这将极大地打击青年教师的积极性和主动性，尤其会极大地挫伤他们对学校、领导的正面观感和评价，降低工作满意度和组织忠诚度，继而影响他们对教学和学生指导的时间与精力的投入。这主要是因为职称晋升的名额有限，而竞争者又太多，且不管你能力能否达标[①]，只能继续无奈地"排队"（这是目前好多高校职称晋升的现状），因此我们通常认为"职称评定"和"论文发表"（一般认为，有了高质量的论文发表，国家及省部级纵向课题的获批是迟早的事情）是现今高校青年教师群体的最主要压力来源（《国家治理》周刊，2019）[②]。此外，基于"非升即走"的管理制度，高校如何处理"大学与企业的差异""世界与中国特色的平衡""学术标准与行政程序的矛盾"（钱颖一，2013），以及"实践及应用导向与基础研究的兼顾"[③] 等都是需要关注的问题。总之，对高校的发展及人才的集聚我们需要谨记：

青年人才一定要有伯乐，要有环境支持才行。仅仅靠自强不息，靠自己玩命干，个别的可以起来，但整个群体起不来。

——施一公，西湖大学校长

大学里急需两种人才，一是大家都在抢的学术大师，一是潜力无限的青年学者。前者可以出高价买，后者则只能自己培育——这点全世界都一样。目前，国内各大学都倾向于"选才"而非"育才"，这是一种偏颇。

——陈平原，北京大学教授

与此同时，职业领域的具有"无边界""易变性""多变性"特征的"无边界职业生涯"（Boundaryless Career）/"新职业生涯"（New Career）（Arthur & Rousseau，1996）也在我国高等院校显现，而以往那种以长期稳定雇佣（事业编制及终身雇佣）及层级化（科层制及专业职能部门）为特征的传统职业生涯模

---

① 我国高校教师职称晋升制度所考核的内容指标和标准不是达标与否（或门槛达标），而是考核要求不断提高的问题，但每年晋升的名额又基本保持不变。这就极易导致我们前述所提及的"内卷"现象（效率低下）的发生及常态化趋向。教师们纯粹在比拼发表权威期刊的篇数和获批国家及省部级纵向项目的个数，我比你多一项、两项，我就能晋升上，比你少一项、两项，我就上不去，大家更多的时间和精力都需要或被迫投入那些极易导致内卷化的竞争中。

② 人民论坛问卷调查中心发表在《国家治理》周刊的"当前高校青年教师群体思想观念调查报告"，2019 年 4 月 19～29 日。

③ 事实上，直到近几年，即从 2017 年和 2018 年美国相继打压中国的华为、中兴等 5G 科技类公司开始，我们才认识到，基础研究对于一个国家的安全和长期稳定发展是多么的重要和关键，我们是多么地缺乏对基础研究的关注和支持（苗仁涛等，2020），但是作为发展中国家，应用导向和着眼于国家发展大政方针的应用研究又是国家极为需要和提倡的，如何平衡两者之间的关系并作出取舍，也是我国各类高校决策的难点。

式正逐渐消解（周文霞、辛迅，2017）。尤其是各高校对"高层次人才"引进的持续关注与加力①，在职称、科研、经费及待遇的巨大差异面前，青年教师出于现实的考虑和需要——对职业成功和有所成就的追求，就必须更加积极地关注自己的职业成长和成熟（Weng & McElroy，2010），因为类似于"发展是中共执政兴国的第一要务，是解决我国一切问题的基础和关键"②，青年教师的职业成长与成熟也是解决其上述难题的关键渠道和手段（翁清雄、卞泽娟，2015），从而他们开始更多地思考并依赖其个体在职业生涯管理（职业生涯的自我管理）中发挥独立且主动的作用（Hall & Moss，1998）。职业生涯管理是指组织基于发展目标，结合员工兴趣、能力和价值观，确立组织与员工双方均可接受的职业生涯发展目标，并通过培训、开发、工作轮换、工作丰富化及扩大化等系列举措，以逐步实现和达成员工的职业生涯目标过程（凌文辁、欧明臣，2010）。基于实施主体的不同，职业生涯管理可以分为组织职业生涯管理和个体（自我）职业生涯管理：一个是由组织主动实施的职业生涯管理，即组织职业生涯管理；另一个是由个体主动进行的职业生涯管理，即个体/自我职业生涯管理，强调员工个体在管理自身职业上所体现出来的主动性（King，2004）。从本质上来看，自我职业生涯管理是员工个体确定自身职业目标，通过制定、发展及实施相应的职业管理策略，从而最终达成职业目标的过程。当然，我们也需要强调的是个体的职业目标与组织的目标并非完全一致（齐乾等，2020）。

因此，他们认为，自我职业生涯管理才是职业生涯管理中最为核心的内容，应该取代组织职业生涯管理③。尤其是近几年颇受社会大众所关注和推崇的"我们正处在个体价值崛起的时代""对自由的本性追逐""自由职业""多重职业""斜杠青年"④"斜杠人生""个人品牌"等观念的日渐深入人心，以及共享经济

---

① 高校针对这类高层次人才的引进，往往配套以较具吸引力甚至是优厚的薪酬待遇、人才帽子并给予课题经费，以及直接给予副教授或教授职称等。

② 《经济工作要适应经济发展新常态》（2014 年 12 月 9 日），《十八大以来重要文献选编》（中），中央文献出版社 2016 年版，第 245—246 页。

③ 不同于西方国家早早地进入市场经济、员工自主择业及自我开发与管理，长期以来中国实施的是计划经济与终身雇佣，导致员工将自己（或职业生涯）交由组织，并由组织规划设计和安排而缺乏自我主动性和创造性，因此一定时期以来组织职业生涯管理占据了中国员工职业生涯管理的主导地位，并成为唯一选择。

④ 斜杠青年（Slash Youth）来自《纽约时报》专栏作家麦瑞克·阿尔伯（Marci Alboher）2007 年所著的《双重职业》（One Person/Multiple Careers）一书，是指作为对自由最为追逐的年青一代，他们不再满足"专一职业"的生活方式，而是越来越多地选择拥有多重职业、多重身份的多元生活方式。其有一个充要条件就是具备具有一定竞争力的技能，并且该技能能够获得足够的关注。斜杠青年的出现是社会发展的必然现象，也是社会与科技进步的表现。这种进步促使人类跳脱"工业革命"带来的限制与束缚而释放天性。

发展条件下的互联网共享平台为个体的崛起提供了巨大的机会和资源，个体创造力和工作价值得到重视并被持续放大，其影响力也越来越重要。与此同时，"合伙人"制度（Partner System）成为一种新时期创新创业的催化剂，其之所以不同于传统模式下的"雇佣关系"（资本强势下，组织利润多归资本方所有），关键区别在于人才携其创造力及稀缺性是否参与到"利润分配"中。这也是理论界与实践界多认为应该更多地关注个体职业生涯的自我管理的主要缘由。这为年轻个体的职业发展提供了关键指引。

那么，这是否就意味着在新职业或无边界职业生涯条件下，高校青年教师只需要做好自我职业生涯管理就可以了呢？抑或是高校对青年教师的职业生涯管理真的不需要再承担责任了呢（苗仁涛等，2020）？这里需要指出的是，尽管近几年由于高校"双一流"建设的如火如荼，其对人才的强烈需求及资源资金的持续投入，高校教师跳槽的现象时常出现，且日渐增多，但相较于营利性组织员工跳槽的高频化和常态化，高校教师的跳槽及挖角仍属于小概率事件。因此，相较于企业员工较多地依赖于职业生涯管理的自我管理（尽管如此，现实中也并不完全表明优秀企业平台可能提供的职业支持就不重要），高校教师既需要对职业生涯进行自我管理，也需要高校给予其职业支持、指导和帮助①。

以笔者所在的高校和学院（包括几个系别及专业在国内均有较强的实力）为例，跳槽（跳走/跳出）主要有以下六种类型：

（1）年轻教师（几乎均为毕业于中国最知名学府或海外学成归国的博士或博士后）连续多年甚至达到 10 年以上晋升不上副教授，并认为在可预期的未来仍希望渺茫（看不到前途）而跳槽的，这类教师往往会跳槽到专业较为弱势的高校（但该高校的整体知名度往往更高），会直接给予副教授职称。

（2）类似第一点长期得不到职称晋升，年轻教师跳槽到知名度低一些的高校及其专业，为的是直接获聘副教授。

（3）在科研、薪酬及心理等多重压力下，当长期得不到职称晋升，看不到在高校的未来时，年轻教师可能会质疑自己是否真的适合做一名高校教师，遂改变职业发展路径，跳出高校金字塔而进入企业。

（4）在本校刚晋升上副教授，立马跳槽到知名度更高的学校及其专业，追

---

① 事实上，目前高校实施推广的"师徒制"（传帮带）恰恰是组织为青年教师实施组织职业生涯管理的一种具体表现形式。师徒制是一种师徒（老教师与青年教师）结对的人才培养模式，现代高校青年教师培养中，师徒制的确定，在一定程度上为青年教师创造了经验学习的真实教学与科研环节，作为一种经验方式而备受关注。

求的是更高的学术平台、发展机会和社会知名度及孩子就读中小学名校（高校附属学校）的入学机会。

（5）职场不顺而跳槽，往往是由于在行政竞争中败北或受到排挤，这类跳槽大多会跳到知名度更高的学校及其专业。

（6）"金钱导向""休息导向""幸福导向"型跳槽，这一类教师往往更为关注薪酬待遇/科研启动及安家费、低科研压力、工作家庭平衡、生活质量等方面，这一类跳槽的教师往往易被称为"职业跳槽者"。目前，前四类跳槽较为常见，比重也最大。

因此可以说，高校教师的自我职业生涯管理一定会依托学校这个平台（平台水平越高越好），职业成长不仅是员工个人的责任，也应是组织关注的重要问题（Direnzo & Greenhaus，2011），并且职业成功不仅有利于员工，也有利于所在组织，因为员工的个人成功不仅能够帮助员工提升自身满足感，更有助于组织绩效（Ng & Feldman，2010）。因此，很多组织（包括企业）希望通过组织职业生涯管理来为员工提供更多的职业支持与更好的发展平台，以确保员工个体做出企业期望的职业生涯管理实践与行为（周文霞、辛迅，2017）。此外，员工在择业时，通常会把组织提供的职业成长、发展机会以及可获取的资源（Ng 等，2005）视为优先考虑因素。事实上，研究数据也显示，青年学人（年轻教师）在选择高校就业时，通常会把该学校提供的职业成长发展机会和发展平台作为优先考虑的因素，因而促使组织日益重视员工的职业生涯管理（Zhou 等，2013；齐乾等，2020）。这也体现出越是优秀的高校，越有意愿和资源提供教师以经费、机会、发展等支持，年轻教师也更愿意将这些高校作为自己期望的职业发展平台及就业目标单位。正如前文所述，大多年轻教师的职业发展的唯一路径就是职称晋升，获得人才项目的支持和人才称号的荣誉，进而跳槽到更好的学术平台，最终完成从无名的青年教师到有名的学者的职业跨越。

俗话说，"幸福的家庭都是相似的，不幸的家庭则各有各的不幸"。相对而言，较为弱势或稍逊一些的高校所能提供给教师，尤其是年轻教师的资源、机会和关注往往较为稀少，而不确定性和风险性则较多、较大，这些不足的具体表现往往体现在以下九个方面[①]：

（1）学术氛围差、教师地位低。这些高校的行政氛围浓厚，有限的学术资源极易被行政人员，特别是"双肩挑"人员把持和占据，造成赢者通吃或有行

① 参考、整理并丰富了知乎专栏"教师打怪指南"的《青年教师为何要慎重入职三四流高校?》，2020 年 2 月 5 日。

政职位者通吃的境况，这将导致没人愿意专注于学术研究，即使那些个别学术有所突破的教师也会努力成为"双肩挑"的一员，从而进入恶性循环。

（2）工资待遇差。高校教师的薪酬主要由两部分组成：一部分是国家统一的工资，这部分不分地域或是否为知名高校；另一部分则是根据高校的层次、所在地区及经费额度进行发放，弱势高校其教师的薪酬水平也必然处于较低水平。①

（3）基金中标概率低。近年来，尽管在国家社会科学基金委及国家自然科学基金委的努力下，两类基金青年项目的覆盖面有所提高，但还有很长的路要走，特别是在一般项目及面上项目上竞争更为激烈，课题主要由强势高校教师中标，弱势高校教师中标的难度极高，甚至成为一种奢望。

（4）个人学术发展更为困难。由于科研实验经费较少，无论是平均经费还是经费总额均不足，导致校内科研资助较为匮乏。此外，办公条件与研究硬件等基础设施的不足，也会严重干扰教师的学术专注与进步，如一线城市的不少高校办公条件非常紧张，一个系、一个专业的老师挤在一个房间，有的甚至连工位都没有②。

（5）社会资源贫乏、获取机会低。主要表现为两种情况：一是非一线或非核心城市的高校，由于城市经济及社会发展等各个方面较为保守和落后，经济社会所能够释放和提供的资源与机会总量就较低；二是一线城市的高校，由于知名高校较为集中，经济社会释放和提供的资源和机会总量虽然较多较大，但弱势高校所能够分配到的资源和机会则会较少。

（6）晋升暗箱"操作"多。晋升标准不明确、变化快，二级学院院长（此处尤其是指地方高校）③权力过于集中、外审"操作"和学术委员会投票"操作"等，使科研成果和教学效果仅仅是晋升的门槛，经常出现一些"临时性"的规定和标准，从而导致与最终操作的结果无必然关系的情况发生。

（7）入职后陷阱多。入职前高校一直在宣传和曾经应允的"白纸黑字"

---

① 事实上，除了个别高校如清华大学、北京大学等高校教师薪酬较具竞争力，多数高校的教师薪酬并不具竞争力，甚至可以用处于较低水平形容。笔者目前作为地处北京的高校正教授、博士生导师，每月的薪酬待遇与我毕业同年进入的中国工商银行区级分行的硕士研究生的薪酬待遇相仿。

② 清华大学和北京大学均能够保证每位教师一个房间（研究室/办公室），中国人民大学则保障教授每人一个房间，副教授2人一个房间，而其他如中央财经大学、对外经济贸易大学、首都经济贸易大学、中国政法大学等财经政法类高校则受制于办公条件的限制，无法保障教师的基本办公条件。

③ 较为知名的高校或者一线城市的高校，由于平台带来的社会资源较为丰富，校外机会较多，相较于校内资源，教师们更有意愿投入时间和精力争取校外社会资源的支持（如项目、经费、影响力），而教师的职称晋升主要依靠学术贡献（主流权威期刊的发表及国家级基金项目），这些指标均已量化且非常客观，不存在人为"操作"的可能性，因此这些高校二级学院的院长往往更加公平、客观、开放和包容。

的经费支持（科研启动费、安家费、住房补贴等），入职后往往会被按 5 年、8 年，甚至是 10 年逐年分发（入职前并没有被告知），有的还需要上缴个人所得税①，甚至还有没有收到应得经费最后不了了之的，总给人"可望而不可即"的感觉。

（8）入职后杂事多。青年教师并非专职博士后②，需要在教学上投入大量的时间精力，要同时把科研和教学做好，非常困难。上好两门课，需要整天忙着制作 PPT、备课和上课，可能导致科研进展为零③。这些均为教师的本职工作，青年教师无话可说，但其他诸如帮助领导上课、批改作业、出试卷与批改试卷，帮助撰写、修改课题申请书，讲授他人不愿讲授的课，参加他人不愿参加的会议，承担本科生班主任（一天 24 小时不关手机），肩挑繁杂社会服务，以及陪领导做好接待工作等。这些事务导致青年教师"干杂事""吃杂粮""做杂人"④。

（9）离职困难。即使个别青年教师表现优秀，有了摆脱高校的学术资本，但在离职过程中也会普遍遇到人为、政策及制度障碍，包括强行追加服务期，索要巨额违约金，迫使教师去打一两年的离职官司，拒不执行生效的法律判决，迫

---

① 《中华人民共和国个人所得税法》第四条中的第七款规定：按照国家统一规定发给干部、职工的安家费、退职费、基本养老金或者退休费、离休费、离休生活补助费免征个人所得税。

② 特例是中国人民大学，对博士后出站既有科研要求（笔者所知科研考核要求最高的中国高校——两年需发表 5 篇以上核心期刊论文，没有科研绩效），也有授课要求（笔者所知可能是唯一有授课任务的高校——两年 4 个学分的要求，没有教学绩效——课时费），但博士后的工资待遇却是国内高校已知最低的（年薪 5 万元，博士后自己缴存社保，从自己工资里扣除，月到账收入为 2000 多元，两年共 10 万元的薪酬待遇是国家博士后基金会全额提供），与上述高科研要求和多授课要求极不匹配。因为与北京大学（年薪 20 万元）、清华大学（年薪 22 万元）、中央财经大学（年薪 15 万元）、首都经济贸易大学（年薪 12 万元）、对外经济贸易大学（年薪 12 万元）、北京师范大学（年薪 18 万元）等在京高校经济管理类的"普通"博士后工资待遇相差极大（中国博士后官网，2020 年 9 月），这些高校是将博士后等同于讲师，工资待遇与讲师一样（社保由学校缴存）。经过调查发现，中国人民大学 2021 年的博士后工资与十年前 2011 年工资几乎没什么变化，月薪到账基本为 2000 多元，要知道即使是十年前的 2011 年，博士后 2000 多元的月收入也是最低的，何况是十年后的 2021 年，与过去十年国民工资整体性的快速成长，以及教师群体工资的持续增长形成强烈对比。给人感觉中国人民大学是将"博士后"当成"廉价劳动力"看待和使用，极其令人遗憾。当然，这种低收入不是博士后合作导师导致的，而是在中国人民大学的博士后政策和制度中，就没有额外（除了国家博士后基金会）掏一分钱来支持和帮助博士后安心、平稳、自由地专注于学术研究，甚至连起码的每年的教职工体检都没有博士后的份，而在已知的其他高校，体检是最基本的福利。据青塔人才统计的华东地区的上海、浙江、江苏、安徽、福建和山东十所一流大学建设高校的博士后薪资待遇，结果发现，"普通"博士后的基本年薪最低为 17.5 万元~25 万元（青塔网，2021-03-28）。

③ 甚至有这种说法："如果你哪个学期还有科研进展，这说明你没有全身心投入教学中，你的课没有上好。"

④ 管理学中的"蘑菇定律"（Mushroom Law）是 20 世纪 70 年代由一批年轻的电脑程序员"发明"的，其是指组织对待职场新人的一种态度或者说是职业新人所遭受的待遇。事实上，相较于研究型高校，青年教师在较为弱势的高校中所经历的职场"蘑菇定律"更为严重。

使教师去申请法院强制执行等。这样使正常离职或合同期满离职成为长达一两年的拉锯战，严重影响年轻教师的个人心境和职业发展。

可见，对高校青年教师而言，取得博士学位并不是学术生涯的终点，可以一劳永逸，而是漫长职业生涯征途的起点和始发点，自主学习、终身学习与学术创新要求他们必须做好职业规划和生涯管理，也要求我们的理论界和实践界厘清职业生涯管理的内涵、内容结构、形成机制、影响效果及作用边界。

第二节　研究问题

本书将针对既有研究中充满易变性和无边界特征的新职业生涯①管理的相关研究的不足，并基于既有研究成果，探索新职业生涯条件下组织职业生涯管理、自我职业生涯管理及其影响因素与作用机制的关联性研究。尤其是对高校教师这一特殊职业群体职业生涯管理的相关研究仍处于起步阶段，虽然关注较多，但组织及自我职业生涯管理的内涵结构、双向视角职业生涯管理的研究等则有待进一步地研究和探索。此外，本书具体分析我国高校教师的日常工作事务包括哪些，并提出了年轻博士择业的主要依据和需要规避的陷阱。最后，针对现时中国较为流行的"非升即走"制度，提出相应的建议和策略。

一、组织职业生涯管理的内容结构

组织职业生涯管理（Organizational Career Management，OCM）是指由组织实施的，旨在开发员工的潜力、留住员工，并使员工能自我实现的一系列管理方法（龙立荣等，2002）。近年来，国内外学者对组织职业生涯管理进行了持续关注，如起步较早的西方学者认为组织职业生涯管理既可被界定为"上司对员工职业发展规划的指导与支持，包括非正式导师、提供职业通路信息和优秀人才培养计划"（Iles & Mabey，1993）；也可被界定为"组织旨在加强员工职业生涯有效性的政策和实践，包括职业生涯开发政策、促进员工职业发展的活动及为员工提供

---

① 传统职业生涯的特点表现为个人职业发展呈相对稳定的阶梯式，而易变性和无边界职业生涯则有所不同。无边界职业生涯是"独立于而不是依赖于传统组织的职业安排"，且"职业生涯具有不稳定或动荡性、无边界性，对不同类型的职业具有开放性"（Arthur & Rousseau，1994）。此外，其具有无边界思维倾向和跨组织流动性，易变性职业生涯是一种螺旋式上升的结构，具有无界性和短暂性特征（Briscoe，Hall & DeMuth，2006）。具有易变性职业态度的人更倾向于用自我价值观来指导自己的职业行为、更倾向于独立自主地管理自己的职业行为，因此其显著特点是价值驱动和自我导向。

职位空缺信息"（Pazy，1988）。但基于新职业生涯背景，探索有关组织职业生涯管理的内容结构的实证研究仍很少。随后，中国学者也对组织职业生涯管理的内涵结构进行了积极探索，距今也有近 20 年的历史，如对此给予较早关注的龙立荣等（2002）提出了中国企业组织职业生涯管理的结构，包括提供职业自我认识的机会、提供职业培训机会、建立公平的职业晋升制度、提供职位空缺的信息等。这些有代表性的研究，深化了我们对组织职业生涯管理的认识，并开发了具有一定信效度的量表，但其内容结构仍然存在不同观点和争议。尤为重要的是，我们对组织职业生涯管理的研究已有 40 余年，有代表性的量表最晚也有近 20 年历史，且多专注于企业组织。然而，这期间我国社会经济环境已然发生极大改变，组织职业生涯管理的相关理念与实践也发生很大变化，高校亦是如此，以往问卷的现时适用性是值得商榷的。因此，本书认为，有必要基于现实情境，吸纳更多新视角、新内容，并应该极具针对性（对象、行业、领域等），重新开发组织职业生涯管理量表，以提高研究的质量和有效性。

二、自我职业生涯管理的内容结构

个体/自我职业生涯管理（Individual Career Management，ICM）是指员工个体为实现自己的职业生涯目标而主动采取的系列策略和措施以提升个体竞争力的过程。其表现为两种不同形式：一是试图以跳槽方式转换工作来促进自己面向组织外部的职业发展为目标。这种形式必将引发更多、更广的职业流动（翁清雄，2010），从而增加组织的员工流失率。二是面向组织内部，以留在组织内部的职业发展为目标，改善和提高员工个体的职业竞争力。而企业也总会希望那些对组织有价值并较为稀缺的员工在设计和实践自我职业生涯管理行为时，始终能以发展组织内部的职业生涯为目标（周文霞、辛迅，2017）。

20 世纪 90 年代，西方学者对职业生涯管理的研究逐渐由组织职业生涯管理转向自我职业生涯管理（上文也提出，这并不表明组织职业生涯管理就不重要），并对自我职业生涯管理进行了关注。如起步较早的西方学者认为自我职业生涯管理可以被界定为"员工积极主动地采取可以促进自身职业获得发展的各项措施，具体包括职业探索、职业目标设置及职业策略"（Noe，1996），也可被界定为"员工管理自己职业生涯各个方面的展现，并通过努力来定义和实现他们的自我职业生涯发展目标，具体如职业定位、影响力塑造及职业边界管理等"（King，2004），以及 Seibert 等（2013）研究建议，自我职业生涯管理包含内部职业目标、外部职业目标、职业规划、职业满意度等。但新职业生涯背景下探索自我职业生涯管理内容结构的实证研究还很少。追随西方学者的脚步，中国学者也对自我职业生涯管理的结构进行了积极探索，如龙立荣等（2002）提出了我国员工个体职业生涯管理的结构：职业探索、职业目标和策略确定、继续学习、自我展示、注重关系等，以及凌文辁和欧明臣（2010）建议，个体职业生涯管理的结构包括了解机会、生涯信念、生涯探索、自我认知及向上沟通等。这些有代表性的研究，不仅深化了我们对中国自我职业生涯管理的认识，也开发了具有一定信效度的量表，类似于组织职业生涯管理量表，自我职业生涯管理在量表方面也存在不足，对其内容结构也存在不同观点，有待给予进一步关注。尤为重要的是，对自我职业生涯管理的研究已有 30 年，有代表性的量表最晚也有近 10 年时间，且多专注于企业员工，忽略了教师群体特别是高校教师的自我职业生涯管理。事实上，这期间我国社会经济环境已然发生极大改变，自我职业生涯管理的相关理念与实践也发生很大变化，高校（高校对教师的要求以及新时期教师的职业生涯目标也出现新的变化①）亦是如此，以往问卷的现时适用性值得商榷。因此，本书认为有必要吸纳更多新的内容，重新开发自我职业生涯管理量表，以提高研究的质量和有效性。

众所周知，开发适合当地文化和社会背景的有效测量工具，是任何研究走向本土化的必然过程和要求。而目前我国正缺乏新职业生涯条件下的组织职业生涯管理和自我职业生涯管理量表，这在很大程度上限制了该领域的研究和实践进展。本书拟基于新职业生涯的特征，从组织和员工（高校与教师）双赢的角度探索新职业生涯条件下的组织职业生涯管理和自我职业生涯管理的实践内容。通过明确组织与自我职业生涯管理的内容结构，为后续组织与自我职业生涯管理问卷的编制奠定基础。在内容结构研究的基础上，采用标准化流程编制问卷，通过

---

① 2018 年教育部召开的"新时代全国高等学校教育工作会议"上提出，高等教育要梳理"不抓本科教育的高校不是合格的高校""不重视本科教育的校长不是合格的校长""不参与本科教育的教授不是合格的教授"（简称"三不是"），推进"四个回归"（回归常识、本分、初心、梦想）。从过往只追求科学研究，到现在重视本科教学，本科教学是根本的导向日益明显，并且破除"四唯"（唯论文、唯职称、唯学历、唯奖项）也日渐得到强化（如北大和清华已经取消硕士研究生毕业对学术文章发表的要求），可见国家非常重视本科教育和本科生的培养，各高校也闻风而动，深刻领会了新时代高等教育的根本宗旨。当然，各地、各单位对"破四唯"的理解上或多或少存在极端想法和作为，即只关注本科教育，而无视科学技术研究，抑或是"破四唯"不能一破了之，这样理解就偏颇了。对绝大多数的高校及教师而言，首先是需要高水平的科学技术创新成果以参与国际国内的竞争，并为国家社会做出贡献；其次是高水平研究成果也是一位高校教师能否脱颖而出成为所谓的"人才""栋梁"的关键显性指标，如果没有长期、科学、规范的学术训练，要想发表出高水平的研究成果（需是专业领域内的主流权威性成果，最重要的就是"经过同行评议得以发表在主流权威期刊上的中英文论文"）是不可能的；最后是没有高水平的学术研究，要想从事好教学，也是不现实的。

初测、复测对项目进行筛选和信度检验,运用探索性和验证性因子分析等多种方法,验证其结构效度,并通过与既有量表的比较,验证其是否有更高的预测效度。这些问题是研究当下职业生涯管理的基础性问题,不回答这些问题,后续的研究就无法进行。但是,迄今为止,这项基础性的工作并没有引起中国学者的足够重视。

三、职业生涯管理的相关研究

首先,近年来,国内外学者对职业生涯管理进行了诸多探索,整理文献发现,大多研究倾向分别对组织和个体两类职业生涯管理的内容、前因变量和结果变量进行探索(King,2004),而将两类职业生涯管理(组织与自我职业生涯管理)放置在同一个研究框架下进行探究的研究则屈指可数(苗仁涛等,2020)。比如,将关注点集中在组织职业生涯管理与自我职业生涯管理的关系上,Pazy(1988)、De Vos等(2008)分别探索了组织职业生涯管理与自我职业生涯管理的"联合效应/交互效应"及其影响效果,并指出两类职业生涯管理及其交互项均能够显著地影响员工的心理、态度和行为以及个体职业成功。因此,在某种程度上,个体与组织不仅对职业生涯管理肩负共同责任,而且两者如果能够在管理实践中形成联合与交互,彼此也均可从中获益。基于社会交换理论视角(Social Exchange Theory),Sturges及其合作者相继研究指出,组织承诺和心理契约分别在组织职业生涯管理和自我职业生涯管理行为间表现出中介作用(Sturges等,2002,2005),而龙立荣在研究自我职业生涯管理的前因变量中检验了组织职业生涯管理的作用(龙立荣,2003)。目前,上述仅有的少量研究并不能充分地揭示组织职业生涯管理对自我职业生涯管理的影响机理,因此对理论及现实的指导作用也有限。基于此,本书认为立足于新职业生涯时代的特点,探讨组织职业生涯管理对个体职业生涯管理的影响机制有其必要性。

其次,除了上述提到的组织职业生涯管理与自我职业生涯管理的关联性研究得到少量研究关注(Sturges等,2002;De Vos等,2008;凌文辁、欧明臣,2010;苗仁涛等,2020),两类主体(组织与自我)的职业生涯管理能够显著影响员工的心理、态度与行为(具体如心理契约:Sturges等,2005;组织承诺:Sturges等,2002;工作卷入:周文霞、李博,2006;工作绩效:龙立荣等,2002;于海波、郑晓明,2013;知识共享:关培兰、高原,2007;工作满意度:凌文辁、欧明臣,2010;职业满意度:Kumudha & Abraham,2008;离职倾向:于海波、郑晓明,2013;职业成功:Guan等,2015;职业成长:翁清雄、卞泽娟,2015;组织公民行为：齐乾等，2020 等）。但职业生涯管理（无论是组织还是自我职业生涯管理）的影响机理仍是研究中的"黑箱"。尽管以往研究对此进行了有益尝试，并对组织与自我职业生涯管理的单向直接关系进行了探索，但研究数量仍很少且仅有几项（前述已提到）；并且过往研究中，除了 De Vos 等（2008）以及凌文辁和欧明臣（2010）基于人口统计变量进行了简单的组织与个体职业生涯管理各维度之间的关联性研究，职业生涯研究领域基本忽略了组织职业生涯管理与自我职业生涯管理以"交互式效应"（Interaction）共同影响员工的职业发展，以及更为复杂的兼具中介和调节作用模型（有中介的调节或者有调节的中介作用模型）的研究尝试。基于此，本书认为围绕双向视角（两类主体：组织与个体）职业生涯管理的内在作用机制进行探讨，以弥补现有文献中对此研究的不足也很有必要性。

最后，作为个人运用他们自己的方式执行工作的主动性行为（一项重要的自我职业生涯管理内容[①]）——工作重塑（Job Crafting）反映了个人为更好融入工作，实现工作—个人匹配（Job-Person Fit，JPF）（见图 1-1），其不同于"个人—工作/岗位匹配"（Person-Job/Position Fit，PJT），在塑造新的工作内容方式

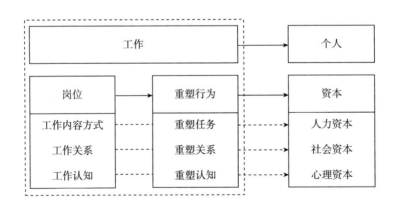

图 1-1　工作—个人匹配模型

注：笔者整理所得。

---

① 此外，职业策略（Career Strategies）也是自我职业生涯管理的重要内容之一，职业探索、职业目标设置及职业策略等职业发展过程共同构成自我职业生涯管理（Noe，1996），最早可以追溯到 20 世纪 80 年代，其是指"那些能够帮助个体用来减少必要时间和不确定性来实现重要职业生涯目标的行为"（Behaviors That Could Be Utilized by Individuals to Decrease the Time Required and Uncertainty Environment to Meet Their Career Goals）（Gould & Penley，1984），其中七类有效的职业策略是创造机会、扩大工作投入、自我提名、寻求职业指导、人际关系、意见一致和其他增强能力等。

（任务重塑）、工作认知（认知重塑）和工作关系（关系重塑）上所发挥的积极作用（Wrzesniewski & Dutton，2001），其逆转了既往研究对个人—工作之间的关系的研究方向（见图1-2），即以前的个人努力完善和提高自己以实现与工作相适应，转变为个人在塑造工作中的任务边界和关系边界上扮演着更加积极的角色。尽管工作重塑日渐成为研究热点，但其研究还处在初级阶段，作为组织变革和创新的重要力量，创造性绩效引起了战略人力资源管理领域（Liu 等，2017；苗仁涛等，2018）和领导力领域（张建卫等，2018；买热巴·买买提、李野，2018）学者的持续关注，却鲜有研究关注工作重塑对员工创造性绩效的影响（辛迅、苗仁涛，2018）。基于此，本书将尝试探索工作重塑对员工创造性绩效影响的作用机制及可能的作用边界。

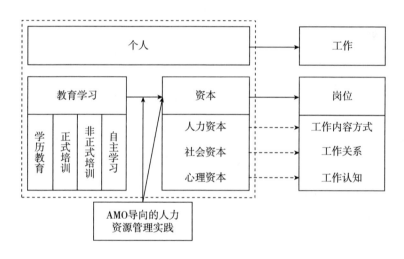

图1-2　个人—工作匹配模型

注：笔者整理所得。AMO 是 Abilities、Motivations 和 Opportunities 的缩写，意即代表员工的能力、动机和参与机会。

四、高校青年教师、高校及教育主管部门的合理化举措

一直以来，高校都是优秀博士毕业生及博士后出站人员择业的首选，尤其是"双一流"高校及学科建设的如火如荼，将高校与青年博士们更加紧密地联系起来。作为大多是初入职场的博士、博士们要做到知己知彼，既要基于自身情况，找到理想、合适或匹配的高校和岗位，也要了解青年教师在高校可能面临的主要压力，努力熟悉和适应就业的高校和岗位。这就是一个组织社

会化①的过程，如何尽快社会化，就需要促使年轻博士与年轻教师了解和掌握高校教师的日常工作状况和面临的多重压力，择业时需要对此有正确认知，有效规避以及有效应对高校的"非升即走""非升即转""末位淘汰"举措。此外，针对仍不健全的"非升即走"制度，本书也提出了高校与教育主管部门对此进行必要完善的合理化建议。

第三节　研究意义

一、理论意义

尽管学者们对组织职业生涯管理和自我职业生涯管理的内容构成及其影响效果做了有益探索，但对无边界、多变性与新职业生涯条件下的组织与自我职业生涯管理的内容构成的研究探索仍很少，也很少有研究对组织职业生涯管理与自我职业生涯管理之间的相关关系（尤其是作用机理）以及它们互为补充、相互促进关系的研究尝试，也包括职业生涯管理的成因以及它们是如何共同影响组织职业生涯管理与个体结果的。

本书将重新界定新职业生涯条件下组织职业生涯管理、自我职业生涯管理的内容构成，探索两类职业生涯管理及双向视角职业生涯管理的"交互式效应"对个体结果的影响，以及其职业生涯管理的成因；充分挖掘组织职业生涯管理及自我职业生涯管理作用的跨层次中介机制和调节效应，建立组织与自我职业生涯作用的综合模型，从理论上丰富和拓展新形势下组织职业生涯管理研究。同时，本书也对职业生涯管理研究领域中主动性行为的工作重塑的重要作用进行了探索，丰富了职业生涯管理的相关研究。

二、现实意义

职业生涯管理作为人力资源开发的重要内容，得到理论界和实践界的广泛关注。本书意图通过构建新职业生涯条件下的组织职业生涯管理和自我职业生涯管

---

① 组织社会化（Organizational Socializaiton），1895 年德国社会学家 Simmel 在其《社会学的问题》一文中，首先用"社会化"一词来表示群体形成的过程，是指个体通过调整工作态度、工作行为和价值观念来适应新组织的价值体系，认同组织目标和行为规范并有效融入组织的过程；其次不仅针对新进入组织的员工，还包括在组织、部门和职位之间流动的员工。

理，为新时期我国高校对教师，特别是青年教师开展组织职业生涯管理以及尝试进行自我职业生涯管理设计提供借鉴和参考，同时也为高校和教师评价现有高校组织职业生涯管理的现状和水平提供测量工具和评价依据，并为青年教师、高校及教育主管部门提供合理化建议。

本书对相关变量关系的检验，揭示了组织职业生涯管理及自我职业生涯管理对个体结果的作用机制，激发组织职业生涯管理的积极性，并帮助青年教师充分利用学校平台和资源进行有效的自我职业生涯管理以获得职业成长，实现高校与教师共赢。

第四节　研究思路与方法

一、研究对象

本书的研究对象为"高校教师"，尤其是"高校青年教师"①，其是指具有高等学校教师资格证书，在拥有硕士及以上学位授予权、以实施全日制本科及以上层次教育为主的普通高等学校内，专门从事教学与科研工作且年龄在40周岁以下的专任教师。其中，不同地区高校的教师在学历上有些许差异，例如，一线城市的高校教师普遍具有博士学位，这也包括部分行政人员教师多数也具有博士学位，而经济社会发展较为薄弱的地区及其所属高校，即使是教师岗教师具有博士学位的也不多，但是随着高等教育的发展，博士培养数量的逐年递增，博士学位已经成为高校教师的标准配置。

二、研究方法

（一）数据收集方法

1. 文献分析法

在广泛查阅中西方有关职业生涯管理、组织职业生涯管理、自我职业生涯管理、职业成长、职业成功、工作重塑等方面的文献，在合理借鉴与充分融合的基础上，提出整体研究构思。

2. 开放式访谈法

运用开放式和深度访谈技术，有代表性地访谈高校教师（尤其是青年教

---

① 本书中的研究对象为高校青年教师，年轻教师与青年教师意思一致，均在书中交替出现。

师）、系主任、人力资源管理人员（人事处行政人员）以及人力资源管理专家等，通过询问他们在实际操作中或研究中如何看待和定义"组织职业生涯管理""自我职业生涯管理"，为后续编制组织职业生涯管理、自我职业生涯管理的测量问卷提供翔实的内容素材。

3. 团体焦点访谈法

团体由人力资源管理专家、职业管理专家、人力资源（人事）管理从业人员等组成，访谈的目的是核实与补充开放式和深度访谈资料，确认组织职业生涯管理和自我职业生涯管理的结构以及问卷编制的合理性。

4. 问卷调查法

调查的目的在于为组织职业生涯管理和自我职业生涯管理量表的有效化及各项研究假设的验证提供可靠且有代表性的数据。除了组织与自我职业生涯管理测量工具开发的两轮问卷调查外，其他研究也分别进行了问卷调查，以进行模型检验。

（二）数据分析方法

1. 内容分析

对深度访谈获得的信息进行提炼和编码。

2. 统计分析方法

对问卷数据进行频数、平均数、标准差、相关系数等进行描述性统计；用信效度分析对内容分析产生的数据和量表进行一致性检验，用探索性和验证性因子分析获得结构效度的证据。通过层次回归分析（Hierarchical Regression，HR）、多层线性模型（Hierarchical Linear Modeling，HLM）和结构方程模型（Structural Equation Modeling，SEM，包括 Amos 和 Mplus）验证模型的各种调节和中介作用以及更为复杂的全效应（Total Effect）。

三、技术路线图

本书采用文献研究、深度访谈、问卷调查和统计分析相结合的方法。研究过程主要分为五个阶段：

第一阶段，初步构建文献研究和理论模型。对 20 世纪 80 年代以来的国内外职业生涯管理的关键研究文献进行总结和分析，并在此基础上初步确定本书研究的分析框架、理论模型和研究假设。在文献研究过程中，本书还对中西方背景下的职业生涯管理行为或实践进行了系统的总结和分类。

第二阶段，以深度访谈为主进行研究。我们通过面对面形式访谈了十多位来自不同高校的人力资源从业人员及一线教师，对相关文献与资料中涉及的本土高校的职业生涯管理实践进行了深入分析，归纳和提炼出中国背景下的职业生涯管理实践。鉴于国内比较缺乏职业生涯管理实践的学术研究积累，所以通过大量的深度访谈来归纳和提炼中国高校的职业生涯管理实践似乎是非常有必要的。如果单纯把国外的职业生涯管理实践拿来验证，即使因子分析结果呈现出很好的构建效度，但并不能验证量表的内容效度，仍然会遗漏掉一些对我国高校真正适用的职业生涯管理实践。

第三阶段，在对文献研究、深度访谈的结果进行整理和归纳的基础上，总结出一份职业生涯管理实践清单，既包括一些西方研究中出现的实践，也包括一些我们通过访谈和文献研究得到的本土职业生涯管理实践。通过对北京、天津、山东、辽宁、江苏、湖北、湖南、重庆、四川、海南等地区不同高校的人力资源从业人员的问卷调查，并先后进行两轮预测试，以及运用 T 检验和多元回归分析方法来筛选对职业成长绩效存在显著影响的职业生涯管理实践。经过这些分析，我们最终确定了本土高校组织职业生涯管理和自我职业生涯管理的问卷。通过这次调查和分析，我们还对研究中设计的各项量表进行了必要的修改和完善。

第四阶段，继续对多地区的相关高校进行问卷调查，共回收有效问卷 500 余份。通过多元回归分析、多层线性模型等方法来检验两类主体的职业生涯管理的影响因素及作用机理（如组织公民行为、职业幸福感、薪酬、晋升），以及员工的工作重塑、积极情绪、工作意义、组织信任、包容性领导、威权型领导、公平性氛围（分配、程序及互动公平氛围）等变量在职业生涯管理中扮演的中介及调节角色。

第五阶段，除了对上述提到的两类主体职业生涯管理进行研究，本书还对其他相关变量的关联性研究进行了探索，为职业生涯管理的后续研究奠定了基础（见图 1-3）。

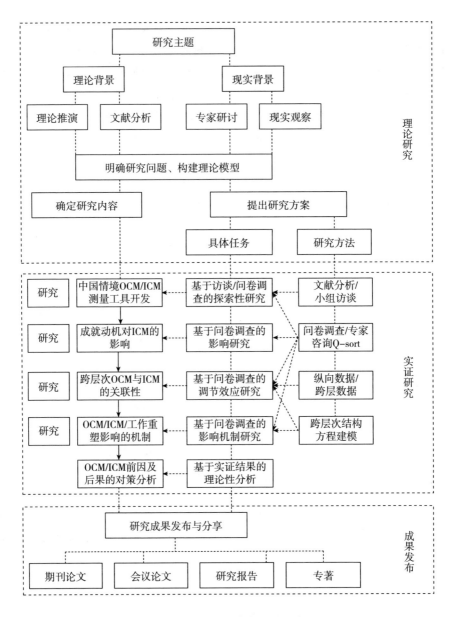

图 1-3 本书的基本研究思路

注：OCM＝Organizational Career Management（组织职业生涯管理）；ICM＝Individual Career Management（自我职业生涯管理）

第五节　研究创新之处

（1）研究对象的独特性。本书以新职业生涯条件下的高校教师，特别是青年教师为研究对象探讨其职业成长和成功问题，并形成学校与教师配对数据，这是目前国内外研究没有涉及的群体及鲜有涉及的多源—多层复杂配对数据。

（2）研究视角的新颖性。本书既分别关注组织职业生涯管理与自我职业生涯管理，也同时考察两类主体，即组织与自我两类职业生涯管理的"联合效应/交互效应"，抓住了问题的本质和核心。此外，以往研究多探讨组织与自我两类职业生涯管理的作用机制，而很少探究职业生涯管理的成因或影响因素，本书将基于"动机"视角，从成就动机方面实证分析职业生涯管理的成因及其影响研究，这可能是理论创新点。

（3）研究方法的科学性。本书基于纵向研究的追踪设计方法，揭示职业生涯管理的影响因素、职业生涯管理与工作重塑在较长时段（数月）里的因果影响，这可能是方法创新之处。

（4）注重解决对策的协同性。本书提出促进和保障高校青年教师职业成长的整体思路，注重相关政策之间的协同配合，并为高校及教育主管部门破除青年教师的职业困境提供合理化建议，这可能是政策创新点。

（5）研究问题及内容的系统性。针对高校青年教师面临的职业困境，既指出职业生涯管理扮演的重要角色，分别编制组织与个体职业生涯管理量表，并探究突破职业困境的职业成长与成功的成因及生成机制，厘清双向视角职业生涯管理分别扮演的角色，以及辅以博士、青年教师、高校及教育主管部门合理化建议，这可能是问题系统性研究创新点。

第二章　职业生涯管理的内容结构研究

20 世纪后 20 年，企业竞争日趋激烈，一些企业因管理不善，经营困难，面临破产，也有许多企业在新的经济形势下停滞不前，使员工提升的梦想破灭，打破了原来环境稳定、经济增长形势下建立起来的职业生涯规划或管理。另外，组织的扁平化趋向，晋升职位减少，也使组织的职业规划与过去不同。再者，即使没有破产之虞的企业，为了保持竞争力，也在不断地裁员、增效。在这种情况下，理论界与实践界出现了不同观点：既有支持组织职业管理的，也有怀疑职业生涯管理的，还有折中的，更有修正的。

例如，支持者认为，如果组织要很好地适应社会变化，应该注重人的职业管理，留住、培养和吸引优秀人员以应对市场的剧烈变化。过去，组织变革速度慢，雇佣双方都比较稳定，雇员通过忠诚和努力工作换来工作稳定/安全感和发展机会。但随着组织变更的加快，员工开始缺乏工作安全感，对组织失去信任，也失去了原有的忠诚。为了获取持久竞争优势，组织需意识到，即使员工倾向于更好的组织，实施旨在关心员工、发展员工的组织职业生涯管理，仍是一种双赢策略。这也是中国高校应该采纳并得到鼓励的。

怀疑者认为，随着时代的发展，组织变革加快，组织职业管理难度加大，也会较容易地招聘外部人员，不必对个人作长期规划；相反，长期规划后的员工，如果离职会对组织造成较大损失。但是否所有企业都会像科技企业那样变化快是值得怀疑的。此外，一个有竞争力的企业，不以自己的组织为人才培养的基础完全从外部引进人才是不现实的。这一点也同样适用于高校，自己培养年轻学者，仍是师资队伍素质提升的最主要途径。

折中观点认为，既强调员工个体要对自己负责，不要过多地依赖组织的职业管理，也主张为了满足员工的发展需要，组织需要实施管理举措帮助员工职业发展以赢得组织承诺。该观点相信，组织不是不想留住优秀员工，而是快速发展与变革导致企业难以提供长期承诺（Hall & Moss，1998）。

修正观点认为，组织的职业生涯管理不是重不重要的问题，而是这套实践措施如何适应变化的问题。应该注重对组织职业生涯管理的概念进行修正，职业发展并不意味着晋升或岗位变化，因为组织的扁平化、流动性及剧烈变化导致组织职业规划变得困难，也涉及工作授权，工作丰富化、扩大化及轮换等（Adamson等，1998）。

我们的观点认为，在新时代的中国组织中，员工既是职业生涯管理的对象，又是职业生涯管理的主体，员工的自我管理是职业生涯管理成败的关键。同时，个人职业生涯管理也离不开组织，离不开组织提供的培训、经费、机会、关心、制度保障等条件。因此，职业生涯管理应该由员工个体和组织双方来共同实施会比较理想。首先，我们需要从职业生涯管理的本土化量表开始着手。

第一节　组织职业生涯管理的内容结构

一、组织职业生涯管理的概念

职业生涯（Career）的概念最早源自 20 世纪 60 年代法国的 Pereti 和 Laborey 的研究，他们不是从人的发展需求视角出发，而更多的是基于企业对员工的需求视角出发，认为员工的职业生涯需要企业给予规范、支持和管理，并根据实施主体的不同，将职业生涯管理进一步分为组织职业生涯管理（Organizational Career Management，OCM）和自我/个体职业生涯管理（Individual Career Management，ICM），而对组织职业生涯管理的内容进行描述，则主要涉及过程性界定（Process Definition）、目标性界定（Goal Definition）和整合性界定（Integration Definition）三类。其中，过程性定义的代表性研究是 Milkovich 和 Boudreau（1991）的研究，他们认为组织职业生涯管理就是一个涉及甄选、评估和培养员工的过程；目标性界定则是将组织职业生涯管理看作是企业为支持员工职业发展而实施的系列人力资源管理整合性实践和活动（Gilley，1988）。此外，在既有国内外研究成果的基础上，学者对组织职业生涯管理进行了兼顾过程与目标的整合性定义，即组织职业生涯管理是由组织实施的，旨在开发员工的潜力，留住员工，并使员工能自我实现的一系列管理方法（龙立荣等，2002）。这种整合性定义既能够有效地平衡概念的内涵冲突，又能够以较为明晰的方式表达组织职业生涯管理的内容和价值。尽管学术界至今仍没有形成组织职业生涯管理的统一概念，但组织职业生涯管理的整合性定义则更显科学性与合理性，因此本书将采用此定义。

二、组织职业生涯管理的结构和测量

为更好地研究企业之所以愿意进行组织职业生涯管理，其是否能够提高员工职业生涯发展的有效性，以及对员工态度与行为的可能影响，一套用以测量组织职业生涯管理的相对科学和合理的测量方法和工具成为必然要求。因此，组织职业生涯管理的内容结构及测量方法成为组织职业生涯管理研究领域和实践进展过程中需要深入探讨的重要课题。

（一）组织职业生涯管理的结构

尽管组织职业生涯管理得到学界越来越多的关注（如龙立荣，2002；Ver-bruggen 等，2007；De Vos 等，2008；翁清雄、卞泽娟，2015；Guan 等，2015；周文霞、辛迅，2017；苗仁涛等，2020），但对有关组织职业生涯管理的内容结构及测量工具和方法仍没有统一观点，且显得较为庞杂和充满异质性。目前，学者从不同视角对组织职业生涯管理的内容结构进行了研究，呈现诸如三维度、四维度、五维度、六维度，甚至一维度和八维度等几种观点，尤其多集中于三维度、四维度和五维度。具体的组织职业生涯管理结构维度与内容说明如表 2-1 和表 2-2 所示。

由表 2-1 和表 2-2 可知，与较为早期的西方学者的研究观点（西方不少研究是基于管理及实践理论视角进行了结构的归类和开发）相比较[①]，中国学者更加倾向于运用实证研究方法进行组织职业生涯管理内容结构的探索和量表的开发，经过计量统计分析获得的组织职业生涯管理的结构更多地呈现多维度。

表 2-1　西方组织职业生涯管理的维度内容结构总结

代表性研究	OCM 的内容结构及内涵	维度	主要观点
Gutteridge（1986）	（1）给个人提供自我评估工具和机会； （2）进行个别职业发展咨询； （3）发布内部劳动力市场信息； （4）设置潜能评价中心； （5）实施培训、发展项目	五	理论探究组织职业生涯管理的内容结构

---

① 尽管没有本质上的差异，但西方的基于管理与实践理论视角的量表开发，可能更符合研究构念的研究路径或流程，因为过于专注实证探索，可能引起研究有数据导向的嫌疑，并因可能的"期望效应"导致量表的效度（内容效度）降低。

代表性研究	OCM 的内容结构及内涵	维度	主要观点
Pazy（1988）	（1）职业生涯开发政策； （2）促进员工职业发展活动； （3）为员工提供职位空缺信息	三	OCM 对绩效、职业适应性的影响不显著；而对职业态度、职业认同有显著影响
Iles 和 Mabey（1993）	（1）直接和上司讨论个人职业发展规划； （2）非正式导师； （3）提供职业通路信息； （4）优秀人才培养项目	四	由于对组织不同的员工所实施的管理方法不同，对不同的职业管理方法的回答人数不同；尽管结果表明职业生涯管理有一定的作用，但样本量比较小，结果缺乏可靠性
Herriot 等（1994）	（1）发展趋向； （2）组织选择； （3）未来方向； （4）职业价值； （5）公平对待； （6）留职由谁决定； （7）组织责任； （8）职业发展机会	八	组织职业管理知觉中，各维度之间具有显著相关性，并且公平对待能够显著预测职业管理满意度
London 等（1999）	积极且无威胁的上级反馈	一	组织管理者反馈能够提高员工绩效，但对员工职业发展则没表现出显著性
Crabtree（1999）	（1）职业安排； （2）职业培训与发展； （3）为员工配备职业导师； （4）空缺岗位信息发布	四	基于员工感知视角，研究发现各维度之间显著相关，并认为员工对沟通以及激励（绩效评价、反馈、认可）的满意度与部门绩效正相关
Baruch（2003）	（1）员工发展导向； （2）组织决策导向； （3）创新导向； （4）组织参与程度； （5）复杂性； （6）战略导向	六	理论探究组织职业生涯管理的范式模型

注：资料由笔者整理。

表 2-2 中国组织职业生涯管理的维度内容结构总结

代表性研究	OCM 的内容结构及内涵	维度	主要观点
龙立荣等（2002）	（1）注重培训； （2）公平晋升； （3）职业认知； （4）职业信息	四	OCM 的四个维度如注重培训、公平晋升、职业认知及职业信息能够对组织承诺、职业满意度、工作卷入及绩效等员工心理与行为产生积极影响

代表性研究	OCM 的内容结构及内涵	维度	主要观点
阮爱君、陈劲 （2004）	（1）工作分析； （2）薪酬体系； （3）战略目标； （4）管理者支持与员工参与； （5）文化导入	五	理论探索组织职业生涯管理实践
凌文辁、欧明臣 （2010）	（1）生涯辅导； （2）生涯信息； （3）制度保证（升迁发展）； （4）上司支持（主管角色）	四	自我（五维中的自我认知、了解机会、生涯探索、生涯信念及向上沟通）与组织（四维）两类主体的职业生涯管理各维度之间均显著相关；并且两类职业生涯管理均能够对组织承诺、工作满意度及离职倾向呈现显著影响

注：笔者整理。

（二）组织职业生涯管理的测量

事实上，对组织职业生涯管理的维度划分，有两种基本观点：一是以"员工的个体需求为基础"来划分组织职业生涯管理的维度，较具代表性的学者来自西方，例如，有研究基于员工感知（Employee's Perception），对组织职业生涯管理进行了内容结构的梳理和测量量表的开发，并研究发现，组织职业生涯管理应包含职业安排、职业培训与发展、为员工配备职业导师、空缺岗位信息发布四个方面（Crabtree，1999）；此外，也有研究以 200 名企业经理为研究对象，设计开发了组织职业生涯管理的八维度模型，它们分别是发展趋向、组织选择、未来方向、职业价值、公平对待、留职由谁决定、组织责任、职业发展机会等（Herriot等，1994）。二是以"组织功能与责任为基础"来划分组织职业生涯管理的维度，中国学者龙立荣等研究并提出了组织职业生涯管理的四维度 16 项条目模式，如注重培训、公平晋升、职业认知、职业信息等维度（龙立荣等，2002）。并且研究结果也显示，上述开发量表的各维度均表现出较好的信效度。可以看出，该本土化组织职业生涯管理量表的维度与西方的量表维度有较大相似性，并兼具了员工的个体需求和组织功能与责任两个方面。

尽管中西方学者对组织职业生涯管理的概念和结构相继进行了探索和开发，国内也有三项研究尝试，但相较于组织行为学及人力资源管理相关领域的关键研究构念测量工具的开发，职业领域尤其是职业生涯管理的量表开发已经严重落后了。在 2003 年以后的西方和 2010 年以后的中国研究中，很少发现主流研究文献中有关组织职业生涯管理测量工具开发的相关研究。正如前文所述，近十年来，无边界、多变性及新职业生涯背景下的企业职业生涯管理发生了极大改变，既有的中西方量表已经不能体现现时职业生涯管理的特点，内容的合理性、恰当性及效度（如内容、结构及预测效度等）也大打折扣，因此有必要再次进行量表开发。

本书拟基于新职业生涯的特征，从组织和员工（高校与教师）的双赢角度探索新职业生涯条件下的组织职业生涯管理实践内容。通过明确组织职业生涯管理的内容结构，为后续组织职业生涯管理问卷的编制奠定基础。我们认为，开发适合当地文化和社会背景的有效测量工具，是任何研究走向本土化的必然过程和要求。而目前我国正缺乏新职业生涯条件下的组织职业生涯管理量表，这在很大程度上限制了该领域的研究和实践进展。本章将在内容结构研究的基础上，采用标准化流程编制问卷，通过初测、复测对项目进行筛选和信度检验，运用探索性和验证性因子分析等多种方法，验证其结构效度，并通过与既有量表的比较，验证其是否有更高的预测效度。

三、中国高校组织职业生涯管理量表的开发

中西方管理背景的差异性决定了中国背景下的组织职业生涯管理可能会与西方的组织职业生涯管理存在一定的差异。基于中西方管理背景的可能性差异，组织外部因素与组织内部因素均会对组织职业生涯管理的采纳与应用产生影响。国内职业生涯管理相关研究大多是直接引用西方学者的组织职业生涯管理量表，虽然在一定程度上为我国组织职业生涯管理研究奠定基础，但直接采用西方职业生涯管理量表很可能会漏掉中国高校或相关组织真正适用的组织职业生涯管理实践，进而导致量表的内容效度得不到保证。国内组织职业生涯管理领域的研究基础仍相对比较薄弱，尤其是能够数十年如一日地专注于职业领域进行学术研究，并持续有高质量学术发表的学者并不多[1]，因此，仍然有必要通过对中国高校或相关组织进行大量的访谈和调查研究，以便开发出真正适用于中国高校和组织，并具有较高效度的组织职业生涯管理测量量表。

（一）组织职业生涯管理量表开发步骤与方法

鉴于国内较缺乏具有本土效度的职业生涯管理量表，本章在借鉴了 Farh 等（1997）及 Rotundo 和 Xie（2008）等学者量表的研究设计的基础上，严格按照量

---

　　[1]　数十年如一日地持续专注于职业领域研究的学者包括但不止于，如中国人民大学的周文霞、北京大学的陆昌勤、华中科技大学的龙立荣、北京师范大学的于海波、香港中文大学的管延军、中国科学技术大学的翁清雄、武汉理工大学的谢宝国及年轻学者。其他很多学者会追求所谓的"热点"，"打一枪换一个地方"，进行"追风式"的跟风研究，极易导致研究主题多样化，甚至泛化，以至于学界不知道其"研究领域"到底是什么。

表开发的程序，在整理已有成熟量表所提及的测量条目基础上，采用访谈和开放式问题调查相结合的方式，收集在中国适用的组织职业生涯管理实践条目；通过两轮大样本试调查，开发中国情境下的组织职业生涯管理量表。具体体现在以下五个方面：

（1）文献研究。通过查阅国内外关于组织职业生涯管理研究文献，整合已有成熟量表中所提及的组织职业生涯管理测量条目。

（2）访谈与开放式问题调查。主要是对中国高校或相关组织的人力资源负责人（部分是人事处副处长）进行调查，收集在中国适用的组织职业生涯管理实践条目。

（3）形成预测试问卷的题项。对访谈资料进行编码和归类，并将归类后的条目与整理的成熟量表中的实践条目进行对比分析，通过专家讨论的方法，合并相同条目，删除不适合中国高校或相关组织的西方条目，最终形成初始问卷。

（4）两次大样本调查的预测试。采用大样本预测试，目的是提高数据分析结果的可信度，进而对数据分析进行项目分析、探索性因子分析。

（5）形成正式问卷。在正式调查后，将采用验证性因子分析的方法，对数据进行建构效度的检验（其相继在后续的研究中得到检验）。

（二）组织职业生涯管理条目生成与专家测评

通过文献回顾，将收集到的中西方关于组织职业生涯管理实践条目进行对比分析，合并相似条目后得到 133 条初始条目，涉及注重培训、公平晋升、职业认知、职业信息、生涯辅导、生涯信息、制度保证（升迁发展）、上司支持（主管角色）、职业安排、职业培训与发展、为员工配备职业导师、空缺岗位信息发布、发展趋向、组织选择、未来方向、职业价值、留职由谁决定、组织责任、职业发展机会等方面。

为了获得本土化的实践条目，本书研究团队对 11 位高校人力资源（人事）及科研处长或副处长进行深度访谈，并对 234 位高校人力资源（人事）及科研处从业人员进行开放式问卷调查，收回有效问卷 209 份。问卷调查涉及的题目为：

条目 1：一直以来，贵校所实施的哪些组织职业生涯管理（人力资源开发与管理）实践，在提高教师绩效和竞争力方面卓有成效（内容不限，回答越详细越好）？

条目 2：就您而言，对实现贵校教师优秀绩效与持续竞争优势有积极影响的组织职业生涯管理（人力资源开发与管理）措施有哪些（内容不限，回答越详细越好）？

本书研究团队邀请了 5 位人力资源管理专业的研究人员，对访谈的资料、回收的开放式问卷资料进行整理，对收集到的 312 条"组织职业生涯管理实践"条目赋予标签，进行归类处理，并将其分为职业发展机会、专业支持、职业通道、空缺岗位信息发布、科研激励、组织公平、硬件设施及其他，共计 8 类。分类时首先保留 5 人都同意归为同一类的条目；保留经过多次讨论同意归为同一类的条目；对有较大歧义的条目予以删除，最后共整理归纳出 127 条非重复性条目。

（三）探索性因子分析及问卷形成

本书研究团队邀请了 4 位高校人力资源（人事）处长或副处长、5 位科研处工作人员，以及 5 位人力资源管理专业的研究人员，将文献回顾收集的组织职业生涯管理实践 133 项初始条目，与通过访谈和开始问卷收集的 127 项初始条目实施进一步的合并与简化，删除明显不适合中国情境的西方测量条目和不符合我国高校特征的测量条目，最后经过研究人员多次讨论，产生了由 72 项条目构成的中国情境下高校组织职业生涯管理的预调查量表。所有条目统一采用 Likert 7量度。

通过本次预测试样本企业进行描述性统计分析发现，样本高校分布在北京、天津、辽宁、山东、湖北、湖南、重庆、江苏等地区，既有隶属教育部的原"985"高校、"211"高校，也包括隶属省市的重点高校和普通高校（既包括"双一流"高校，也有普通高校）。因此，本次样本涉及 15 所高校，具有较好的代表性。

基于既定的方法与判断标准，对中国高校组织职业生涯管理第一次调查量表进行条目分析，最终删除了 21 项条目，形成了由 51 项条目构成的中国情境下高校组织职业生涯管理第二次预测试问卷。

本次问卷调查是在第一次调查选取的 234 位高校人力资源（人事）及科研从业人员的基础上，进一步扩大被试高校数量与人力资源（人事）及科研处从业人员人数，此次高校增加到 25 所（具体如北京的中国人民大学、北京师范大学、北京外国语大学、北京化工大学、首都经济贸易大学、首都师范大学、北京工商大学、北方工业大学、北京第二外国语学院、北京电影学院、国际关系学院、北京信息科技大学、中华女子学院、北京物资学院；天津的天津大学；山东的山东财经大学、山东工商学院；辽宁的辽宁科技大学、大连民族大学；江苏的江苏大学、南京信息工程大学；湖北的武汉理工大学；湖南的湖南第一师范学院；重庆的西南政法大学；山西的山西财经大学），共发放问卷 301 份，回收有效问卷267 份，有效回收率为 88.70%。

　　探索性因子分析过程中将遵循条目删除的标准有五个：一是题项的共同性小于 0.40；二是因子负荷小于 0.35；三是单个题项同时在两个以上因子上的载荷大于 0.40；四是单个因子包含题项小于 2 项；五是在一个共同因子中，删除非归属于原构面中因素负荷量最大的题项。

　　统计分析发现，本章经过反复的因素分析，保留了 24 项条目，得到了由 5 个因子构成的稳定结构，累计方差解释量达到 62.41%；整个量表内部一致性信度 α 为 0.932，信度较高，同时，各维度的内部一致性信度系数均在 0.6 以上，较为理想，个体项的因子载荷、共同性以及各因子的方差解释量如表 2-3 所示。

　　统计分析结果表明，本章开发的我国高校组织职业生涯管理量表具有良好的信度和效度，该量表依次由因子 1：专业支持，因子 2：职业通道，因子 3：科研激励，因子 4：组织公平，因子 5：硬件设施五个维度 24 项条目构成。

表 2-3　中国高校组织职业生涯管理的探索性因子分析结果

序号	条目	因子					共同度
		1	2	3	4	5	
1	学校为教师培训提供经费（如英语授课培训费）	0.815					0.801
2	学校经常在校内开展学术研讨会	0.776					0.774
3	学校会组织教师进行访学、进修	0.761					0.656
4	学校会提供教师职业发展信息	0.693					0.710
5	学校设立新、老教师"传帮带"制度	0.669					0.644
6	学校有一整套绩效考核体系		0.751				0.789
7	学校有公平的职称评定和晋升机制		0.747				0.813
8	学校有教师任职资格的标准和文件		0.725				0.737
9	学校开展教学工作评估并给予反馈		0.668				0.709
10	学校有教学、科研及教学科研不同的职业晋升路径		0.603				0.648
11	学校建立了科研考核机制			0.863			0.843
12	学校引入了科研激励机制（如项目经费配套、论文奖励）			0.818			0.790
13	相比其他高校，学校提供科研经费较为充足			0.774			0.721
14	学校开展教师人才培养计划（如学科带头人、中青年骨干教师计划等）			0.696			0.685
15	学校提供外出参加国内外学术会议的经费支持			0.651			0.629
16	领导会考虑教师的建言献策				0.794		0.775

续表

序号	条目	因子					共同度
		1	2	3	4	5	
17	学校会运用评优活动表彰教师				0.740		0.717
18	学校绩效考核公平、公正、公开				0.725		0.684
19	领导待人接物亲切、真诚			0.441	0.674		0.672
20	行政职能人员待人接物亲切、真诚			0.370	0.578		0.610
21	实现办公管理信息化					0.838	0.866
22	提供良好的工作环境（如办公场所宽裕）					0.787	0.802
23	办公网络顺畅、便宜		0.409			0.715	0.752
24	办公设施齐备、便利			0.396		0.667	0.715
	信度系数	0.866	0.865	0.860	0.828	0.728	0.932
	方差萃取	0.673	0.724	0.701	0.697	0.607	

注：因子载荷值低于 0.35 的不显示。

（四）验证性因子分析

研究量表的开发与编制，除了基本的量表开发过程中必备的手续及条件，其中的两类因子分析（探索性与验证性因子分析）对于量表维度的释出非常关键。我们将采用验证性因子分析方法（Confirmation Factor Analysis，CFA）对上述探索性因子分析获取的量表及其维度进行分析，以确定该量表的区分效度（Discriminant Validity）。具体而言，我们将利用 AMOS7.0 对五维度（五因子）的组织职业生涯管理量表进行 CFA，通过模型比较的方法来考察量表各维度的区分效度。如表 2-4 所示，与其他模型相比，五因子（专业支持、职业通道、科研激励、组织公平、硬件设施）模型拟合最为理想（$\chi^2 = 2539.548$，$df = 1089$，$\chi^2/df = 2.332$，$TLI = 0.909$，$CFI = 0.921$，$RMR = 0.055$，$RMSEA = 0.074$），说明开发的组织职业生涯管理构念具有良好的区分效度，它们确实是五个不同的维度。

表 2-4 中国高校教师组织职业生涯管理量表的验证性因子分析结果

模型	χ^2	df	χ^2/df	TLI	CFI	RMR	$RMSEA$
单因子模型	3748.689	1099	3.411	0.501	0.511	0.078	0.107
二因子模型	3458.700	1098	3.150	0.593	0.602	0.070	0.095
三因子模型	3133.464	1096	2.859	0.665	0.676	0.064	0.086

模型	χ^2	df	χ^2/df	TLI	CFI	RMR	$RMSEA$
四因子模型	2816.661	1093	2.577	0.766	0.779	0.058	0.079
五因子模型	2539.548	1089	2.332	0.909	0.921	0.055	0.074

注：单因子模型：五个变量合为 1 个因子；二因子模型：专业支持、职业通道、科研激励、组织公平合为 1 个因子；三因子模型：专业支持、职业通道、科研激励合为 1 个因子；四因子模型：专业支持、职业通道合为 1 个因子；五因子模型：专业支持、职业通道、科研激励、组织公平、硬件设施各为 1 个因子。

第二节　自我职业生涯管理的内容结构

一、自我职业生涯管理的概念

目前，中西方学者对自我职业生涯管理（Individual Career Management，ICM）均给出了相关定义，尽管至今仍没有一个学术界所公认的严格定义，但在整合现有研究成果及发现的基础上，依据前人对 ICM 概念定义的不同侧重，自我职业生涯管理可以被界定为三种类型：行为论、目标论及行为目标并重轮。

（一）行为论

行为论（Behavior Perspective），顾名思义，是指使用各种职业行为定义自我职业生涯管理。相继有学者基于行为视角给予定义，如自我职业生涯管理是员工为促进自身职业发展而主动采取的实践措施（Noe，1996）。进而，自我职业生涯管理被认为是员工努力寻找组织内外部的现实或潜在的发展机会的行为（Kossek 等，1998）。随后，我国学者龙立荣、方俐洛和凌文辁（2002）将自我职业生涯管理定义为"组织中，由员工自主实施并用于提升员工自身竞争力的系列方法与措施"。此外，西方学者 Pazy（1988），Claes 和 Ruis-Quintanilla（1998）也相继从行为论视角给出了自我职业生涯管理的定义。

（二）目标论

目标论（Goal Orientation）是利用强调员工个体需努力实现自身的职业发展目标来界定自我职业生涯管理。有两项较具代表性的研究，认为自我职业生涯管理是员工通过自己的努力达到职业目标（Orpen，1994）；以及自我职业生涯管理是员工呈现出来的管理自身职业生涯的各方面，以员工的努力程度来界定和实现其职业目标（King，2004）。

（三）行为目标并重论

行为目标并重论（Goal-directed Behavior Perspective）既强调要实现个体职业生涯的目标，也强调实现职业目标的过程与行为。较为典型的代表性研究认为，自我职业生涯管理是某人对所要从事的职业、进入的组织、达到的职业发展高度等进行规划与设计，并为实现职业目标积累知识、开发技能和提高能力的过程，以实现个体发展成就的最大化（马跃如、程伟波，2010）。

可见，早期的西方学者大多采用某些职业生涯管理的实践和行为来界定自我职业生涯管理，具有一定的片面性，也难以准确把握和形成对自我职业生涯管理的整体认知。近年来，学者们逐渐认识到单一范式的不足，遂结合行为和目标来界定自我职业生涯管理，从而有助于人们对自我职业生涯管理产生更加全面、准确的认知。也因此，自我职业生涯管理概念得到了不断的完善和拓展。

本章正是采用行为和目标并重的范式，将个体/自我职业生涯管理界定为员工个体为实现自己的职业生涯目标而主动采取的系列策略和措施以提升个体竞争力的过程。

二、自我职业生涯管理的结构和测量

为更好地研究员工个体愿意进行自我职业生涯管理的心理作用机制，以及自我职业生涯管理对其态度与行为产生何种影响，一套相对科学和合理可行的方法来测量自我职业生涯管理成为必然要求。因此，自我职业生涯管理的内容结构及测量方法成为员工自我职业生涯管理研究领域和实践进展过程中需要深入探讨的重要课题，也是必然过程。

（一）自我职业生涯管理的结构

目前，中外学者从不同视角对自我职业生涯管理的结构进行了相关研究，主要呈现出三维度、四维度和五维度三种观点，尤其是多集中于三维度和四维度模式。具体的自我职业生涯管理结构维度与内容说明如表2-5和表2-6所示。

如表2-5和表2-6所示，与较为早期的西方学者的研究观点（西方不少研究是基于管理及实践理论视角进行了结构的归类和开发）相比较，我国学者更加倾向于运用实证研究的方式进行自我职业生涯管理内容结构的探索和量表的开发，经过计量统计分析获得的员工自我职业生涯管理的结构呈现"多维度"特征。主要是由于其深受我国传统文化中的某些特有因素的影响，例如，差序格局、等级观念、看重面子、注重关系等因素以及某些我国员工所特有的自我职业生涯管理实践与行为在计量统计分析中呈现出来的独立因子，并且研究者认为这些析出的因子所代表的行为是不同于既有的那些一般化的职业生涯管理行为，因此有必要将它们单列出来，以成为独立的结构维度（李云、李锡元，2016）。例如，较具中国文化特色的"注重关系""向上沟通""延伸管理"等因子的析出就很说明问题。

表 2-5　西方自我职业生涯管理的维度内容结构总结

代表性研究	ICM 的内容结构及内涵	维度	主要观点
Stumpf 等（1983）	（1）职业探索信念； （2）职业探索过程； （3）对探索的反映	三	职业探索涉及的职业探索信念、职业探索过程及对探索的反映三者之间相互影响
Pazy（1988）	（1）职业生涯规划； （2）职业策略； （3）积极主动性	三	自我职业生涯管理中的职业生涯规划和积极主动性有助于员工职业效能的提高，并且员工感知到的职业生涯管理能够有效地提高职业效能的感情方面（职业态度和认同）和个人规划
Noe（1996）	（1）职业探索； （2）职业目标设置； （3）职业策略	三	员工评价的自我职业生涯管理实践与行为能够显著影响经理评价的员工工作绩效与发展行为
Kossek 等（1998）	（1）职业自我效能； （2）寻求职业反馈； （3）工作转换准备； （4）职业培训	四	准实验（A Quasi-Experimental Stuay）研究发现，职业培训在自我职业生涯管理中起重要作用，职业反馈态度在职业培训介入和工作转换准备之间表现出中介作用
Sturges 等（2002）	（1）职业边界管理； （2）组织外探索行为； （3）组织内关注行为	三	纵向研究（Longitudinal Study）发现，三个维度因子之间显著相关，并且自我职业生涯管理能够显著影响员工组织承诺
King（2004）	（1）职业定位； （2）建立影响力； （3）职业边界管理	三	自我职业生涯管理能够显著提高对职业的控制感和职业满意度，但也会导致消极结果和不适感
Seibert 等（2013）	（1）内部职业目标； （2）外部职业目标； （3）职业规划； （4）职业满意度	四	理论探究组织职业生涯管理的范式模型

注：资料由笔者整理所得。

表 2-6　中国自我职业生涯管理的维度内容结构总结

代表性研究	ICM 的内容结构及内涵	维度	主要观点
龙立荣等（2002）	（1）职业探索； （2）职业生涯目标和策略制定； （3）注重学习； （4）注重关系； （5）自我展示	五	OCM 的四个维度如注重培训、公平晋升、职业自我认识及提供信息能够对组织承诺、职业满意度、工作卷入及绩效产生积极影响
凌文轮、欧明臣（2010）	（1）了解机会； （2）自我认知； （3）生涯信念； （4）生涯探索； （5）向上沟通	五	自我（五维中的自我认知、了解机会、生涯探索、生涯信念及向上沟通）与组织（四维）两类主体的职业生涯管理各维度之间均显著相关；并且，两类职业生涯管理均能够对组织承诺、工作满意度及离职倾向呈现显著影响
马跃如、程伟波（2010）	（1）职业探索； （2）生涯规划； （3）专注工作； （4）延伸管理	四	实证开发高科技企业经理人员（自我）职业生涯管理的内容结构，但缺乏对各维度之间的关联性研究

注：资料由笔者整理所得。

（二）自我职业生涯管理的测量

目前，经过对既有文献的梳理发现，有关自我职业生涯管理内容结构及量表的设计和开发起始于 Stumpf 等（1983）的研究；随后，基于 Stumpf 等（1983）设计开发的自我职业生涯管理量表（Career Exploration Survey，CES），Noe（1996）通过删减和增加些许条目对该量表进行了改良和完善；进而，Kossek 等（1998）基于准实验研究方法，研究开发了一个包含四个维度共 33 项条目的自我职业生涯管理测量量表；而 Sturges（2002）在 Noe 开发的问卷基础上，采用纵向研究方式，在两个不同的时点（Time Point）进行测量和数据回收，编制了包含三个维度共 16 项条目的自我职业生涯管理量表；最近，Seibert 等（2013）研究开发了由四个维度共 24 项条目构成的自我职业生涯管理量表。并且，研究结果也显示，上述开发量表的各维度均表现出较好的信效度。

随后，我国的学者也相继对自我职业生涯管理的内容结构进行了探索，例如，龙立荣等（2002）基于已有的西方研究成果，并以企业员工为研究对象，样本量为 399 人，开发了由五个维度共 18 个题项构成的自我职业生涯量表，该问卷具有较好的信效（构想和实证）度，并且在后来的研究中得到其他学者的广泛采用和验证，效果良好。此外，凌文轮和欧明臣（2010）在龙立荣等（2002）开发量表的基础上进行修订，并扩大样本量到 780 人，开发由五个维度 23 个题项构成的自我职业生涯管理量表，同时其也表现出了良好的信效（建构和内容）度。而马跃如和程伟波（2010）以高科技企业经理人为研究对象，样本量为508人，开发了由四个维度24个题项构成的高科技企业经理人的自我职业生涯管理测量工具，但遗憾的是，该研究中缺乏对信效度指标的展示。

尽管中西方学者对自我职业生涯管理的概念和结构进行了探索和开发，但相较于组织行为学及人力资源管理相关领域的关键研究构念测量工具的开发，2013年以后的西方和2010年以后的中国研究中，很少发现主流研究文献中有关员工自我职业生涯管理测量工具的相关研究。

本书拟基于新职业生涯的特征，从组织和员工（高校与教师）的双赢角度探索新职业生涯条件下的自我职业生涯管理实践内容。通过明确自我职业生涯管理的内容结构，为后续自我职业生涯管理问卷的编制奠定基础。开发适合当地文化和社会背景的有效测量工具，是任何研究走向本土化的必然过程和要求。而我国目前正缺乏新职业生涯条件下的自我职业生涯管理量表，在很大程度上限制了该领域的研究和实践进展。本章将在内容结构研究的基础上，采用标准化流程编制问卷，通过初测、复测对项目进行筛选和信度检验，运用探索性和验证性因子分析等多种方法，验证其结构效度，并通过与既有量表的比较，验证其是否有更高的预测效度。

三、中国高校教师自我职业生涯管理量表的开发

同样，中西方管理背景的差异性也决定了中国背景下的自我职业生涯管理可能会与西方的自我职业生涯管理存在一定的差异。基于前述的中国与西方管理背景可能性差异性，组织外部因素分析与组织内部因素均会对自我职业生涯管理的采纳与应用产生影响。国内自我职业生涯管理相关研究大多是直接引用西方学者的自我职业生涯管理量表，虽然在一定程度上为我国自我职业生涯管理研究奠定了基础，但直接采用西方自我职业生涯管理量表很可能会漏掉中国企业员工特有的职业生涯管理实践措施，尤其是中国高校教师真正适用的自我职业生涯管理实践，进而导致量表的内容效度得不到保证。国内自我职业生涯管理领域的研究基础相对比较薄弱，因此，仍然有必要通过对中国高校教师进行大量的访谈和调查研究，以便开发出真正适用于中国高校教师，并具有较高效度的自我职业生涯管理测量量表。

（一）自我职业生涯管理量表开发步骤与方法

同样，鉴于国内较缺乏具有本土效度的职业生涯管理量表，特别是具有较高

效度的高校教师自我职业生涯管理量表，本章同样在借鉴了 Farh 等（1997）及 Rotundo 和 Xie（2008）等学者量表研究设计的基础上，严格按照量表开发的程序，在整理已有成熟量表所提及的测量条目基础上，采用访谈和开放式问题调查相结合的方式，收集在中国适用的高校教师自我职业生涯管理实践条目；通过两轮大样本试调查，开发中国情境下的自我职业生涯管理量表。具体体现在以下五个方面：

（1）文献研究。通过查阅国内外关于自我职业生涯管理研究文献，整合已有成熟量表中所提及的自我职业生涯管理测量条目。

（2）访谈与开放式问题调查。主要是对中国高校教师进行调查，收集在中国适用的高校教师职业生涯管理实践条目。

（3）形成预测试问卷的题项。对访谈资料进行编码和归类，并将归类后的条目与整理的成熟量表中的实践条目进行对比分析，通过专家讨论的方法，合并相同条目，删除不适合中国高校教师的西方条目，最终形成初始问卷。

（4）两次大样本调查的预测试。采用大样本预测试，是为提高数据分析结果的可信度，对数据分析进行项目分析、探索性因子分析。

（5）形成正式问卷。在正式调查后，将采用验证性因子分析的方法，对数据进行建构效度的检验（其相继在后续的研究中得到检验）。

（二）自我职业生涯管理条目生成与专家测评

通过文献回顾，将收集到的中西方关于自我职业生涯管理实践条目进行对比分析，合并相似条目后得到 151 项初始条目，涉及自我认知、了解机会、自我展示、职业策略、职业目标设置、职业积极主动性、职业信念、职业探索、职业培训、向上沟通、注重关系、延伸管理、注重学习、专注工作、寻求职业反馈、工作转换准备、职业效能感、建立影响力、职业边界管理等方面。

为了获得本土化的实践条目，本书研究团队对 14 位高校教师进行深度访谈，并对 217 位高校教师进行开放式问卷调查，收回有效问卷 213 份。问卷调查涉及的题目为：

条目 1：一直以来，您所实施的哪些职业生涯管理实践和行为，在提高您的绩效和竞争力方面卓有成效（内容不限，回答越详细越好）？

条目 2：就您而言，对实现您优秀绩效与持续竞争优势有积极影响的自我职业生涯管理措施和行为有哪些（内容不限，回答越详细越好）？

本书研究团队邀请了 5 位人力资源管理专业的研究人员，对访谈的资料、回收的开放式问卷资料进行整理，对收集到的 401 项"自我职业生涯管理实践"条目赋予标签，进行归类处理，并将其分为了解机会、教书育人、积极主动、科研创新、注重关系、明确目标、沟通协调、认识自我、了解组织及其他，共计 10 类。分类时首先保留 5 人都同意归为同一类的条目；保留经过多次讨论同意归为同一类的条目；对有较大歧义的条目予以删除，最后共整理归纳出 143 项非重复性条目。

(三) 探索性因子分析及问卷形成

本研究团队邀请了 5 位人力资源管理专业的研究人员，将文献回顾收集的职业生涯管理实践 151 项初始条目，与通过访谈和开始问卷收集的 143 项初始条目实施进一步的合并与简化，删除明显不适合中国情境的西方测量条目和不符合我国高校教师特征的测量条目，最后经过研究人员多次讨论，产生了由 79 项条目构成的中国高校教师自我职业生涯管理的预调查量表。所有条目统一采用 Likert 7 量度。

通过本次预测试样本进行描述性统计分析发现，样本所属高校分布在北京、天津、辽宁、山东、湖北、湖南、重庆、江苏等地区，既有隶属教育部的原"985"高校、"211"高校，也包括了隶属省市的重点高校和普通高校（包括"双一流"高校和普通高校）。因此，本次样本涉及 15 所高校，具有较好的代表性。

基于既定的方法与判断标准，对中国高校教师自我职业生涯管理第一次调查量表进行条目分析，最终删除了 26 项条目，形成了由 53 项条目构成的中国高校教师自我职业生涯管理第二次预测试问卷。

本次问卷调查是在第一次调查选取的 217 位高校教师的基础上，进一步扩大被试高校数量与教师人数，此次高校增加到 24 所，共发放问卷 362 份，回收有效问卷 338 份，有效回收率为 93.37%。

类似组织职业生涯管理的量表开发，探索性因子分析过程中也将遵循条目删除的标准为：一是题项的共同性小于 0.40；二是因子负荷小于 0.35；三是单个题项同时在两个以上因子上的载荷大于 0.40；四是单个因子包含题项小于等于 2 项（包含 2 项）；五是在一个共同因子中，删除非归属于原构面中因素负荷量最大的题项。

统计分析发现，再经过反复的因素分析，保留了 24 项条目，得到了由 6 个因子构成的稳定结构，累计方差解释量达到 69.57%；整个量表内部一致性信度 α 为 0.917，信度较高，同时，各维度的内部一致性信度系数均在 0.6 以上，较为理想，个体项的因子载荷、共同性以及各因子的方差解释量如表 2-7 所示。

统计分析结果表明，本章开发的我国高校教师自我职业生涯管理量表具有良好的信度和效度，该量表依次由因子 1：教书育人，因子 2：科研创新，因子 3：明确目标，因子 4：协调沟通，因子 5：认识自我，因子 6：认识组织 6 个维度 24 项条目构成。

表 2-7　中国高校教师自我职业生涯管理的探索性因子分析结果

序号	条目	因子						共同度
		1	2	3	4	5	6	
1	我会探索新的教学方法	0.898						0.873
2	我会按照培养计划教学	0.831						0.801
3	我会对教学进行思考、研究	0.779						0.735
4	我了解自己的教学效果	0.724						0.699
5	我会更新教学内容	0.657						0.630
6	我会申请和参与课题研究		0.845					0.833
7	我会发表专业学术文章		0.801					0.779
8	我会参加学术交流活动		0.711					0.684
9	我会关注最新研究成果		0.630					0.607
10	我会制定具体的实施步骤			0.814				0.855
11	我对未来的职业发展有规划			0.755				0.797
12	我设定了阶段的具体目标			0.688				0.672
13	我设定了发展的长远目标	0.387		0.606				0.628
14	我了解学校的总体发展目标（战略目标）				0.823			0.844
15	我了解学校的绩效考核体系				0.772			0.783
16	我了解学校的人事政策				0.716			0.733
17	我了解学校的职称评定与晋升条件				0.669			0.612
18	我能处理好与领导的关系					0.830		0.809
19	我能处理好与同事的关系					0.747		0.719
20	我能处理好与学生的关系			0.417		0.611		0.626
21	我了解我的能力						0.793	0.769
22	我清楚我的优势与不足						0.732	0.711
23	我了解我的性格特点			0.369			0.644	0.675

续表

序号	条目	因子						共同度
		1	2	3	4	5	6	
24	我知道我的兴趣所在				0.391		0.595	0.620
	信度系数	0.883	0.851	0.804	0.819	0.755	0.797	0.917
	方差萃取	0.632	0.737	0.721	0.657	0.629	0.658	

注：因子载荷值低于 0.35 的不显示。

（四）验证性因子分析

同样，类似于前述组织职业生涯管理量表开发的流程，研究量表的开发与编制，除了基本的量表开发过程中必备的手续及条件，其中的两类因子分析（探索性与验证性因子分析）对于量表维度的释出非常关键。我们将采用验证性因子分析方法（Confirmation Factor Analysis，CFA）对上述探索性因子分析获取的量表及其维度进行分析，以确定该量表的区分效度（Discriminant Validity）。具体而言，我们将利用 AMOS7.0 对六维度（六因子）的自我职业生涯管理量表进行 CFA，通过模型比较的方法来考察量表各维度的区分效度。如表 2-8 所示，与其他模型相比，六因子（教书育人、科研创新、明确目标、协调沟通、认识自我、认识组织）模型拟合最为理想（$\chi^2 = 1911.916$，$df = 1109$，$\chi^2/df = 1.724$，$TLI = 0.911$，$CFI = 0.919$，$RMR = 0.046$，$RMSEA = 0.067$），说明本书开发的自我职业生涯管理构念具有良好的区分效度，它们确实是六个不同的维度。

表 2-8　中国高校教师自我职业生涯管理量表的验证性因子分析结果

模型	χ^2	df	χ^2/df	TLI	CFI	RMR	$RMSEA$
单因子模型	4073.658	1224	3.328	0.499	0.519	0.060	0.103
二因子模型	3730.070	1223	3.050	0.581	0.598	0.077	0.097
三因子模型	3078.100	1121	2.739	0.656	0.671	0.072	0.089
四因子模型	2372.791	1118	2.493	0.766	0.779	0.064	0.080
五因子模型	2210.176	1114	1.984	0.861	0.872	0.052	0.071
六因子模型	1911.916	1109	1.724	0.911	0.919	0.046	0.067

注：单因子模型：六个变量合为 1 个因子；二因子模型：教书育人、科研创新、明确目标、协调沟通、认识自我合为 1 个因子；三因子模型：教书育人、科研创新、明确目标、协调沟通合为 1 个因子；四因子模型：教书育人、科研创新、明确目标合为 1 个因子；五因子模型：教书育人、科研创新合为 1 个因子；六因子模型：教书育人、科研创新、明确目标、协调沟通、认识自我、认识组织各为 1 个因子。

四、职业生涯管理与组织公民行为及职业满意度的关系

本章以教师个体绩效为校标变量，验证中国高校组织职业生涯管理和教师自我职业生涯管理量表的效标关联效度。个体绩效采用组织公民行为、职业满意度指标进行测量。

回归分析结果表明（见表 2-9 和表 2-10），组织职业生涯管理对教师组织公民行为和职业满意度的解释度依次为 20.4% 和 19.7%。数据结果表明，组织职业生涯管理对教师组织公民行为和职业满意度均有显著的正向影响，显示出本章开发的中国高校组织职业生涯管理具有较为理想的效标关联效度。此外，教师自我职业生涯管理对其组织公民行为和职业满意度的解释度依次为 22.1% 和 23.0%。数据结果表明，教师自我职业生涯管理对其组织公民行为和职业满意度均有显著的正向影响，显示出本章开发的中国高校教师自我职业生涯管理具有较为理想的效标关联效度。

表 2-9　中国高校组织职业生涯管理与组织公民行为及职业幸福感回归分析结果

变量	组织公民行为	职业满意度
组织职业生涯管理	0.361**	0.318**
调整后的 R^2	0.204	0.197
ΔR^2	0.203	0.217
F	17.020	17.981

注：** 表示 $p<0.01$。

表 2-10　中国高校教师自我职业生涯管理与组织公民行为及职业幸福感回归分析结果

变量	组织公民行为	职业满意度
自我职业生涯管理	0.447**	0.501**
调整后的 R^2	0.221	0.230
ΔR^2	0.211	0.225
F	17.336	19.981

注：** 表示 $p<0.01$。

第三章　职业生涯管理视域下教师组织公民行为提升路径

如何提升高等教育质量不仅是理论研究的热点，也是社会大众关注的重点。高校教师作为影响教育质量的重要因素之一，如何激发其组织公民行为进而提升教育质量成为亟待解决的现实问题。本章以职业生涯管理的主体由组织转向个人为切入点，探讨了教师自我职业生涯管理对其组织公民行为的影响，并基于社会认同理论，考察了组织信任在上述关系中的中介机制。此外，还将组织公平氛围与威权领导纳入模型，分别及系统检验其对自我职业生涯管理发挥作用的调节效应。本章从三个时间点对我国 15 所高校 322 位一线授课教师进行了问卷调查。研究结果显示，教师进行的自我职业生涯管理与其组织公民行为正向相关；组织信任在自我职业生涯管理与组织公民行为的关系中起部分中介作用；组织公平氛围调节了自我职业生涯管理对组织信任的影响；进一步地，威权领导调节了组织公平氛围的调节作用，且组织信任中介了自我职业生涯管理、组织公平氛围、威权领导三项交互与组织公民行为的关系。

第一节　问题提出

新常态下知识经济的发展致使雇佣关系及心理契约发生根本变化。特别是当前职业生涯管理无论在观念还是内容上，相比过去都发生了显著变化——职业生涯管理的主体由组织转向了个人（Hall & Moss，1998；Hall，2004），即个体会基于自身及环境变化主动地进行自我职业生涯管理（Individual Career Management，ICM）。ICM 是指由个体主动实施的，用于提升个人竞争力的一系列方法、措施，旨在促进个体职业生涯发展（龙立荣，2003；周文霞、辛迅，2017）。

以往对 ICM 的研究多集中于企业员工（翁清雄，2010；Moon & Choi，2017），缺少对教师的关注，尤其是缺少对高等院校教师 ICM 的研究。《国家中长期教育改革和发展规划纲要（2010-2020 年）》中明确提出"要全面提高高等教育质量"。而且，我国正处于经济转型发展的关键时期，亟须高校培养大量德才兼备的人才以服务社会，高校教师作为人才培养的直接责任人，其作用不可忽视。但实践中，高校教师队伍建设中却依然存在名利思想严重、教育教学失责、职业理想弱化及学术不端等诸多问题（何祥林等，2014）。尽管国家与社会对教师的期许甚高，但高校教师本身工作任务结构相对松散，工作自主性较强，刚性的岗位说明书总是难以完整描述教师的工作状况，因此，一些教师仅仅只是依照岗位说明完成普通教学工作——角色内行为，少有表现出国家和社会期许的规范外行为——组织公民行为。组织公民行为（Organizational Citizenship Behavior, OCB）是组织成员一种自发性的角色外行为，这种行为的产生是资源而非组织规章制度的硬性要求（Katz，1964）。高校教师的组织公民行为直接关系到学校的正常教学、人才培养以及对学生课下的指导与帮助，重要性不言而喻。

已有的实证研究表明，领导风格（Ehrhart，2004；Cho & Dansereau，2010；刘朝等，2014）或人力资源管理系统（Sun 等，2007；苗仁涛等，2013；He 等，2017）能够有效促进员工的组织公民行为。然而，高校教师作为知识型员工中的精英群体，加上其职业自由度较高，工作复杂且富有弹性，工作过程难以监督，对其施加的管理与一般性的员工有明显差别。因此，仅依赖外在制度的约束和领导风格的作用未必能真正激发教师的组织公民行为，反而需要更多地依靠教师个人对自身职业的自主管理。作为精神财富的主要生产者和追求者，高校教师注重个人价值的实现和社会地位的彰显，更倾向于进行 ICM。然而，尚未发现关于 ICM 影响组织公民行为的研究。因此，本书的主要目的就是探究高校教师的 ICM 对组织公民行为的影响。

目前，ICM 与组织公民行为之间的内在机理还不明确。尽管良好的 ICM 是个体职业成功的必要条件（Eby，2003），但组织及领导对个人的发展同样不可或缺。社会认同理论（Tajfel，1978）视角下，个体期望得到她/他们的职业支持（周文霞、辛迅，2017）、认可与帮助（苗仁涛等，2013），表现出对组织及领导的认同与承诺（Buyens 等，2009），从而内心情感得以激发，对组织产生信任，进而影响其组织公民行为（Podsakoff 等，1997）。高校教师身处高等院校这一重要平台，拥有难以比拟的潜在资源。通过 ICM 来积极主动与学校或领导维持良好关系有助于其对学校和领导的认同。近年来，社会认同理论已开始勇于解释职业生涯管理与其结果变量之间的关系（尹奎、刘永仁，2013），但社会认同理论下信任机制如何产生却没有得到回答。鉴于此，研究高校教师通过 ICM 提高其组织信任感，进而影响组织公民行为的过程机制有其必要性。

此外，组织公民行为的相关研究指出，个体组织公民行为的发生在很大程度上受组织情境因素和领导风格的影响。一方面，个体会基于对组织情境的感知而做出是否超越角色的行为（Podsakoff 等，2000）。已有研究发现，组织公平氛围，如程序公平氛围（苗仁涛等，2013）、互动公平氛围（苗仁涛等，2015）可以促进个体组织公民行为。另一方面，领导风格也影响着组织情境与员工行为。近些年，高校普遍将跻身"双一流"建设高校列为追求目标，二级学院领导逐渐开始在教师的科研及教学管理中表现出威权领导的风格特征。威权领导强调权威不容挑战，对下属严格控制，并要求下属无条件服从（周婉茹等，2010）。已有研究表明，威权领导对下属的严格往往会对公平氛围产生消极影响（周浩、龙立荣，2007），进而破坏既有氛围，给人以心理上的压力。但高校不同于企业有较多管理层级，教师工作风格与方式也比企业员工更为灵活，学院威权领导的出现是否会破坏高校组织公平氛围良好的调节作用，其答案未知。因此，鉴于高校教师会基于组织公平氛围审视自身的 ICM，且其关系还会受到威权领导的进一步影响，本章将组织公平氛围和威权领导作为调节变量，首先研究组织公平氛围的调节作用，其次检验威权领导是否起到调节组织公平氛围的作用。

综上所述，组织公民行为实质上是要求教师具备"像雷锋一般的奉献精神"，ICM 属于教师表现出组织公民行为的可控内因，而组织公平氛围与威权领导属于不可控的外因。因此，从内外因交互的视角探究如何更好地激发教师的组织公民行为，并以社会认同理论为基础，考察组织信任在其中的中介机理。

第二节　理论背景与研究假设

一、自我职业生涯管理

在发展脉络上，不确定的生存竞争环境使传统职业生涯管理正逐步向无边界、易变性职业生涯管理过渡。这意味着职业生涯管理的驱动力正在由组织转向个体，个体更倾向于独立地管理自身的职业生涯，通过自我驱动去获得心理满足（Enache，2011）。正是这种变化使职业生涯管理的责任开始更多地回归个人。已有研究指出，当前中国的知识型员工群体（如高校教师）已经大部分具有了无边界职业生涯及易变性职业生涯的倾向（郭文臣、段艳楠，2013），更多的开始主动进行自我管理职业生涯。

尽管 ICM 对于提高个体主观能动性至关重要，也有助于组织进一步发现、培养和储备人才。但目前为止，有关 ICM 的内涵与内容仍未达成共识（翁清雄，2010）。例如，Pazy（1988）认为，ICM 包括职业生涯规划、职业生涯实施策略及主动性三个维度，Orpen（1994）指出，ICM 涉及职业生涯规划及策略两个维度（Orpen，1994），而 Noe（1996）将 ICM 划分为职业生涯探索、职业目标确定及职业生涯实施策略三部分。随后，龙立荣等（2002）在比较中西方文化差异的基础上提出了本土化 ICM 应该由职业探索、职业目标和策略制定、继续学习、自我展示及注重关系五个维度构成，且研究发现五个维度之间并无显著性关系。

二、自我职业生涯管理与组织公民行为

以往有关 ICM 的研究多集中于 ICM 本身，即 ICM 的本质、结构、前因及结果研究（龙立荣等，2002；King，2004），或 ICM 对个人职业成功（龙立荣、毛忞歆，2007；Chang 等，2014）、职业决策（翁清雄，2010）、职业成长（李云、李锡元，2017）、心理满足感（Sturges 等，2005）、组织承诺（Sturges 等，2002）等的影响。事实上，ICM 对个人职业及组织结果变量的影响更多的是通过引导个体积极的行为来实现，但有关 ICM 对个体组织公民行为影响的研究却不多见。

社会认同理论强调一个重要假设，即个人的行为均由自我激励产生，个体会基于自尊的需要发展自己（张莹瑞、左斌，2006）。ICM 作为个体的自觉性行为，关系到员工的未来职业发展及市场竞争力，是员工提升自尊的需要，因此，实施 ICM 的个体更有可能受自我激励的驱动，为发展自己而表现出超越角色的行为。实施 ICM 的员工往往会追求自我实现，憧憬未来，对组织充满信心，社会认同感增强，从而表现出更多的组织公民行为（Ng 等，2005）。

具体而言，高校教师进行职业生涯探索、职业目标确定，更加有助于教师明确自身职业使命，提高其对所从事职业的认知，增强其对教师职业的认同感。这种认同感建立起教师与学校的心理联系，可以有效地改善教师的工作态度和行为表现。因此，在高校教师认同感较低的情况下，通过 ICM 提高教师认同感，有利于激发其组织公民行为。高校教师也通过自我学习及自我展示不断进行专业知识的学习和专业素养的提高，其专业自信心与自尊心得以提升（Ng 等，2005），表现出更强的专业认同感，从而全身心投入到科研与教学中，做出符合组织期望的行为。此外，注重关系的高校教师关注与组织内成员（上级领导、同事及学生）关系的建立，通过不断加强联系，将教师个人与组织紧密交织在一起，提高高校

教师的工作嵌入，激发其对组织的积极情感，进而促进组织公民行为。因此提出：

假设 3-1：自我职业生涯管理与组织公民行为显著正相关。

三、组织信任的中介作用

组织信任是指员工对组织内部决策和行动的一种信任程度，他们相信组织的行为会考虑整体的利益，至少对他们是无害的（Yilmaz，2008）。本章结合Yilmaz 的定义，对组织信任阐述如下：个体或群体对组织持有的一种信任和支持的情感承诺，属于个体对组织积极评价的结果。

社会认同理论认为，认同属于一种特殊的心理依附状态，是个体基于自我管理标准对自我身份的认知与确认（刘宗华、李燕萍，2016），认同的结果往往可以增强个体对群体的积极评价，提高个体对组织及其文化的承诺（Tuner，1984）。主动进行 ICM 的个体会认识到组织中信息及资源对其发展的重要性（李云、李锡元，2016），这便有助于强化个体对其组织中身份的认知，因此，实施ICM 的个体更有可能基于身份认知及个人发展的需要而对组织持有信任感与认同感。

对于高校教师而言，进行 ICM 一方面可以帮助教师通过学校平台的力量建立自身的信息渠道（如注重关系维度），进一步拓展自己的对外关系，增加对学校的认同感，进而增强对学校的信任及情感。同时，进行 ICM 的教师也可能加强与学校、上级、同事及学生的互动频率，频繁的互动、交流有助于教师获得归属感和组织认同感，增加彼此间的信任及组织的信任感。进一步地，教师在职业生涯管理的过程中往往注重与上级领导的及时沟通与交流，以使上级知晓其当前职业目标与工作的具体情况，从而便于获得上级对工作的支持与理解，进而增强教师对学校的认同与信任。另一方面，进行 ICM 的教师会主动地进行职业的探索与目标确定，并意识到学校对于自身发展的重要性，进行 ICM 的教师往往会对学校充满期待，希望学校能够助力他们成长，所以他们会更加认同和信任学校。此外，教师在 ICM 的过程中会不断强化自己的专业能力，"物以稀为贵"，掌握更前沿学科知识的教师更容易获得学校和领导的青睐，从而满足自己的心理契约，也增强了其对组织的信任。因此提出：

假设 3-2：自我职业生涯管理与组织信任显著正相关。

对组织（学校）信任的教师除了完成本职工作外，更可能表现出组织公民行为，完成学校目标。也就是说，当教师建立起对学校的信任机制时，会坚信自己的利益与学校利益是一致的，且学校不会做出损害教师利益的行为（万涛，2009），会形成"用组织成员的身份界定自己"的观念，即在某种程度上把自己从属于某个组织作为自我概念和自尊的基础，把组织的成功与否感受为个人的成功与否，进而产生具有"角色外"特征的组织公民行为以实现个人与组织共同体的发展。已有实证研究支持了组织信任对组织公民行为的正向作用，当个体认为组织或领导值得信任时，他们不仅会表现出积极的工作态度及情感承诺，还会表现出更多的组织公民行为（Colquitt 等，2013）。Mayer 和 Gavin（2005）的研究也发现，组织信任是激发个体做出组织公民行为的主要动机之一。因此，组织信任激励员工表现出更多的组织公民行为。

社会认同理论指出，基于认知因素和动机因素，个体会努力保持和提升他们的自尊，并提高对组织的评价，进一步表现出团队合作、互相包容及利他主义等行为（Tuner，1984）。高校教师作为具有高知识素质的群体，对于管理自我职业发展的积极性更高。随着 ICM 的不断深入，他们对学校的认同感与归属感与日俱增，进而产生对学校的信任，视组织为自我概念中不可分割的一部分，将组织的成就与个人发展高度相连，从而表现出更多的组织公民行为。因此提出：

假设3-3：组织信任中介自我职业生涯管理与组织公民行为之间的关系。

四、组织公平氛围的调节作用

组织公平氛围是指个人或团队对组织对待他们的公平性感知（苗仁涛等，2012），Colquitt（2001）将其分为程序公平、分配公平、人际公平和信息公平四个维度，并指出可分别从规则遵从性、结果满意度、领导评价及集体尊重四个方面进行预测。公平理论指出，组织公平氛围会对个体的态度与行为产生重大影响，当个体感知到组织的公平氛围时，会增强其对组织及领导的满意度和认同感（苗仁涛等，2013）。而当个体受到组织的不公平对待时，会引起其内心的不满，进而导致其做出偏离工作场所的行为（Geurts 等，1999）。因此在高校中，组织公平氛围会影响教师 ICM 实施的有效性，降低教师对组织的信任与认同。

具体而言，当组织公平氛围较高时，教师会认为自己的付出可以得到学校及领导的公平对待，并获得相应回报。因此，受到公平激励的教师会更乐于集中精力发展自己的职业生涯，主动进行职业生涯规划，制定与学校发展相契合的职业目标，并为实现目标而持续不断地提升教学水平及科研能力，这一系列行为无形中拉近了教师与学校间的距离，增加了其对学校的认同与承诺，有助于两者之间信任机制的建立。此外，公平的氛围也有助于成员之间合作的顺利展开（Lind，2001）。同理，当教师感知到组织的公平氛围时，他们更愿意积极地开展教学合作及自我展示，并更加开放地建立多种关系，主动增加自己与领导、同事和学生的互动交流，进而加强彼此之间的情感与认同，提高组织信任。

相反，当组织公平氛围较低时，教师会认为自己的付出将得不到学校的公正评价，一部分教师会疏远与学校的关系，并丧失积极主动的进取精神，失去对学校的归属感与认同感，因此也不会深入钻研课堂教学及科研探索，更不会主动进行自我展示及目标设定，此时教师的 ICM 受到抑制，难以与组织建立信任的关系。另一部分教师会采取对抗的态度，深陷利益争执与钩心斗角的工作氛围中，僵化与领导及同事之间的关系，自身的职业生涯管理也无法顺利展开，更不会对学校产生信任与承诺。因此提出：

假设 3-4：组织公平氛围在自我职业生涯管理与组织信任的关系中起调节作用，即组织公平氛围越高，自我职业生涯管理与组织信任的正向关系越强。

五、一个三项交互的调节作用模型

威权领导是中国情境下特有的一种领导行为，普遍存在于中国式的组织管理过程中。已有研究表明，威权领导会对个体的心理安全感产生负面影响，致使个体产生消极对抗的情绪（Aryee 等，2007），但在高校或二级学院这一特殊的工作场所，是否还会如此？

我们认为，当组织公平氛围中拥有较高水平的威权领导时，则有利于组织公平氛围的维护。在高校中，当高威权领导与高组织公平氛围（高—高模式）共同出现在组织管理中时，教师会认为正是由于这种威权领导的存在才维持和提高了组织当下的公平、正义。与此同时，这种公平性氛围也强化了教师对威权领导的认可，并认为他们相辅相成，互为支撑。因此，这种高—高模式有助于教师对学校及领导产生良好的期许与认同，激发其内在动机，从而积极地投入 ICM 中，进而增加对学校的信任。如果低威权领导与高组织公平氛围（低—高模式）出现时，教师会认为学校为其提供了良好的环境（公平、正义），并减少了领导的行政性干预，但这种公平性氛围更多地来自制度与规则的完善而非人治，不会因领导或领导风格的变更而影响其对组织的认同与承诺，因此教师在低—高模式时同样会基于这种认同与承诺而主动进行 ICM，进而对学校产生信任。

相反，如果高威权领导存在于低组织公平氛围中（高—低模式），学校的管理会体现出更多的人治现象。由于圈内圈外文化，大多数教师会有种疏离感，从而不会对学校产生过多期待，反而会对领导的专权与尚严风格产生不适甚至反感，这将大大降低其对学校及领导的认同，形成随遇而安、随波逐流的心态，进而丧失对组织及领导的信任，因此也不会主动投入ICM中，从而削弱了ICM对组织信任的积极影响。当低威权领导与低组织公平氛围（低—低模式）并存时，教师会对学校制定的相关制度失去信心，对组织失去信任。同时，由于低威权领导会致使教师认为，正是由于领导放任，甚至是不负责任才导致组织彻底失去公平性。因此，教师会认为学校已经处于"无政府"状态，对其彻底失去信心与信任，此时教师更多地处于自谋生路、自我管理的状态，集中于寻求外部机会，教授跳槽现象便会层见叠出。虽然教师加大了ICM投入，但ICM的投入并不会相应地增加其对组织的信任，反而会遭到极大削弱。

尽管以往并未有类似研究，但一些文献还是给出了相关线索，如李云和李锡元（2017）、Brown和Trevino（2005）的研究均指出了领导对于公平维护的重要意义。对于高校这一特殊场所，学院领导在追求以科研为导向的"双一流"高校建设的过程中表现出的威权领导风格，其实质就是督促教师更好地展开科研教学工作。学院领导本身对教师的权力约束并不强。因而威权领导发挥作用的余地更多表现为对科研管理的公平维护。因此提出：

假设3-5：威权领导调节了组织公平氛围对ICM与组织信任关系的影响，与低水平的威权领导相比，当威权领导水平较高时，组织公平氛围对ICM与组织信任之间正向关系的影响更强。

根据假设3-3与假设3-4的中介假设与调节假设，可以进一步延展为一个有中介的调节作用模型。具体而言，组织公平氛围对ICM的调节作用（交互项）可通过组织信任来对组织公平行为产生影响，即组织公平氛围越高，交互项（ICM×组织公平氛围）通过组织信任影响组织公民行为的作用越大。进一步地，基于假设3-5，威权领导对组织公平氛围的调节作用（威权领导×组织公平氛围×ICM）也会通过组织信任来对组织公民行为产生影响，处于高组织公平氛围与高威权领导水平管理下的教师，ICM对组织信任的影响较大，因此，组织信任可以更多地传导交互项对组织公民行为的效应。但对另外三种管理情境而言，交互项对组织信任的影响相对较小，因此，组织信任就会较少地传导交互项对组织公民行为的效应。因此提出：

假设3-6：组织公平氛围对自我职业生涯管理与组织公民行为关系的调节作用，是以组织信任为中介作用的；组织公平氛围越高，组织信任对自我职业生涯管理与组织公民行为关系的中介作用越强。

假设 3-7：组织信任中介了自我职业生涯管理、组织公平氛围和威权领导交互项与组织公民行为的关系，即组织公平氛围与威权领导水平越高时，组织信任对自我职业生涯管理与组织公民行为关系的中介作用越强。

图 3-1 为本章的理论模型。

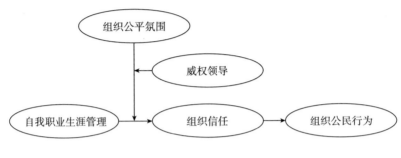

图 3-1　本章的理论模型

第三节　研究方法

一、对象选取

本章对北京、江苏、湖北、四川、海南等地区的 15 所高等院校 380 名教师进行了问卷调查，并在三个时间点对 ICM、组织公平氛围及威权领导（时点 1）、组织信任（时点 2）、组织公民行为（时点 3）进行测量；3 个月后，基于第一次调查中留有联系方式的教师再次进行问卷调查，回收问卷中去除离职的 6 个样本，获得有效问卷 342 份；3 个月后，进行第三次问卷发放，去除离职的 4 个样本，最终获取有效问卷 322 份。每所高校的被试人数介于 15~30 人。

在被试的授课教师样本中，男性和女性分别占 42.3% 与 57.7%；教师平均年龄为 36.1 岁（SD=3.414）；从受教育程度来看，硕士 68 人、博士 254 人，分别占 21.1% 与 78.9%，平均教龄为 10.01 年（SD=1.255）；从婚姻情况来看，未婚者 69 人、已婚者 253 人，分别占 21.4% 与 78.6%；从职称上来看，初级 24 人、中级 158 人、副高 101 人、正高 39 人，分别占 7.5%、49.1%、31.4%、12.1%；从行政职务来看，有兼职行政职务的 96 人，没有兼职行政职务的 226 人，分别占 29.8% 与 70.2%。

二、变量与研究工具

ICM 采用龙立荣等（2002）开发的量表，由职业探索、职业目标、继续学习、自我展示、注重关系五个维度构成，包括 18 项条目，如"我制定了职业发展规划""我制定了实现职业目标的策略"等（$\alpha = 0.889$）。

组织信任由 Robinson（1996）建议的量表改编而成，是指教师对其所在二级学院的信任程度，包括 7 项条目，并按照具体的被试环境进行了调整，如"我相信我的学院是非常正直的""我认为我的学院对待我的态度前后是一致的"等（$\alpha = 0.973$）。

组织公平氛围由 Colquitt 等（2001）开发的量表改编而成，由过程公平、分配公平、人际公平及信息公平四个维度构成，包括 20 项条目，并根据具体的被试情境进行了调整，主要指向学院的公平性氛围，如"学院制定相关程序时，我能够表达自己的观点与感受""就我对工作所作的努力，所得报酬是公平的"等（$\alpha = 0.970$）。

威权领导采用周婉茹等（2010）开发的量表，由专权和尚严两个维度构成，包括 18 项条目，如"有时领导会贬低我在工作上的贡献""我表现不如预期时，他也不轻易降低预先设定的标准"等（$\alpha = 0.885$）。

组织公民行为采用马苓（2009）开发的量表，由认同组织、敬业守法、协助同事、保护资源及维护和谐五个维度构成，包括 16 项条目，并根据具体的被试情境进行了调整，如"我经常参与社会活动，并维护好学校、学院的形象""我经常提前到达课堂，并准备好课堂资料"等（$\alpha = 0.866$）。

控制变量基于以往研究的经验，我们控制教师的性别、年龄、受教育程度、教龄、婚姻、职称及行政职务。

第四节　研究结果与发现

一、变量描述性统计及相关矩阵

研究利用 AMOS 24.0 软件对所构建的模型进行了验证性因子分析，通过模型比较的方法来考察各量表的区分效度。如表 3-1 所示，与其他模型比较，五因子模型拟合最为理想，说明本章所涉及的构念具有良好的区分效度，它们确实是五个不同的构念。

表 3-1　验证性因子分析结果（$N=322$）

模型	$X2/df$	TLI	CFI	RMR	RMSEA
单因子模型	9.987	0.449	0.601	0.207	0.260
二因子模型	8.623	0.611	0.706	0.198	0.229
三因子模型	5.701	0.709	0.793	0.193	0.198
四因子模型	3.583	0.847	0.868	0.147	0.144
五因子模型	2.231	0.959	0.977	0.075	0.075

注：单因子模型：五个变量合为 1 个因子；二因子模型：组织信任（Organizational Trust，OT）、组织公平氛围（Organizational Justice Climate，OJC）、威权领导（Authoritarian Leadership，AL）及组织公民行为（Organizational Citizenship Behavior，OCB）合为 1 个因子；三因子模型：OT、OJC 和 AL 合为一个因子；四因子模型：OJC 和 AL 合为 1 个因子；五因子模型：自我职业生涯管理（Individual Career Management，ICM）、OT、OJC、AL 和 OCB 各为 1 个因子。

尽管为避免数据出现同源性偏差，本章使用了多时点（Multi-Wave）的研究设计，但我们仍进行了同源偏差检验。采用 Harman 单因素检验方法，如果未经旋转的第一个因素的方差解释率低于 50%，那么表明同源性偏差不严重（Podsakoff & Organ，1986）。本章获得未经旋转的第一个因素的解释共变量为 35.52%，说明没有严重的同源性偏差问题；并且通过对各变量数据中心化处理后，各变量的容许度在 0.40~0.89，方差膨胀因子在 1.13~2.52，远低于临界值 10，因此，本章不存在或存在程度较低的多重共线性问题。

表 3-2 首先给出主要变量的数据特征分析，包括均值、标准差、主要变量的相关系数以及信度系数，发现各变量的相关系数均在 0.102~0.705，大多是中低程度相关，相关性合理，问卷质量可靠，自我职业生涯管理与组织信任正相关（$r=0.382$，$p<0.01$），与组织公民行为正相关（$r=0.705$，$p<0.01$），组织信任与组织公民行为正相关（$r=0.596$，$p<0.01$），由此假设 3-1 至假设 3-3 得到初步验证，这也为后续的回归分析提供了必要前提。其次，本章的数据分析显示五个因子的 Cronbach's α 系数均大于 0.8，大于可接受水平 0.7，表明各测量项目具有良好的内部一致性，具有较高的信度。

表 3-2　变量的均值、标准差、相关系数及信度系数 a，b

变量	M	SD	1	2	3	4	5
自我职业生涯管理	5.10	0.76	0.889				
组织信任	4.90	1.42	0.382 **	0.973			
组织公平氛围	4.77	1.18	0.463 **	0.701 **	0.970		
威权领导	4.78	0.84	0.102	-0.249 **	-0.190 **	0.885	
组织公民行为	5.00	0.72	0.705 **	0.596 **	0.591 **	0.240 **	0.866

注：①N=322，** 表示 $p<0.01$；②相关系数在矩阵下三角中，内部一致性系数 α 在对角线上。

二、假设检验结果

本章以 ICM 为自变量，组织公民行为为因变量构建模型。为了检验组织信任的中介效应，我们采用 Baron 和 Kenny（1986）的三步方法（见表 3-3）：第一步，模型 1 纳入教师的性别、年龄、受教育程度、婚姻状况、教龄、职称和行政职务为控制变量。模型 2 将 ICM 对组织公民行为进行回归分析。结果显示，ICM 对组织公民行为（$\beta=0.656$，$p<0.01$）有显著的正向影响，假设 3-1 得到支持。第二步，模型 4 显示，ICM 对组织信任（$\beta=0.713$，$p<0.01$）有显著预测作用，假设 3-2 得到支持。第三步，模型 3 将组织信任纳入模型，ICM 与组织公民行为（$\beta=0.517$，$p<0.01$）显著相关，0.517<0.656，达到显著水平，且组织信任与组织公民行为（$\beta=0.196$，$p<0.01$）显著相关，因此，组织信任在 ICM 与组织公民行为间起到部分中介作用，假设 3-3 得到支持。

表 3-3　假设 3-1 至假设 3-4 的检验结果

变量	组织公民行为			组织信任	
	$M1$	$M2$	$M3$	$M4$	$M5$
性别	-0.077	-0.051	-0.026	-0.125	-0.064
年龄	0.050	0.028	0.064	-0.181	-0.166
受教育程度	0.105	0.041	0.052	-0.058	-0.046
婚姻状况	-0.090	-0.021	0.028	-0.251	0.000
教龄	-0.172 *	-0.081	-0.095 *	0.069	0.141
职称	0.137	0.079	0.064	0.076	0.011
行政职务	-0.042	0.004	0.030	-0.136	-0.111
ICM		0.656 **	0.517 **	0.713 **	0.170 *

续表

变量	组织公民行为			组织信任	
	M1	M2	M3	M4	M5
OT			0.196**		
OJC					0.840**
AL					
ICM×OJC					0.190**
ICM×AL					
R^2	0.167	0.485	0.615	0.130	0.580
ΔR^2		0.318**	0.130**		0.450**
F 值	0.880	27.039	40.149	5.124	31.504

注：均为非标准化系数；$N = 322$，* 表示 $p < 0.05$，** 表示 $p < 0.01$。自我职业生涯管理（Individual Career Management，ICM），组织信任（Organizational Trust，OT）、组织公平氛围（Organizational Justice Climate，OJC）、威权领导（Authoritarian Leadership，AL）及组织公民行为（Organizational Citizenship Behavior，OCB）。

对假设 3-4 至假设 3-7 的检验，基于 Mathieu 和 Taylor（2007）检验"有中介的调节作用"的四步法（见表 3-4）。

第一步，做中介变量对自变量和调节变量的交互项的回归分析，模型 5 中 ICM 与组织公平氛围的交互项对组织信任有显著影响（$\beta = 0.190$，$p < 0.01$），因此，组织公平氛围对 ICM 与组织信任的关系起正向调节作用，假设 3-4 得到支持；另外，模型 10 中 ICM 与组织公平氛围和威权领导的三项交互项对组织信任也有显著影响（$\beta = 0.125$，$p < 0.01$），因此，威权领导调节了组织公平氛围对 ICM 与组织信任关系的影响，假设 3-5 得到支持。

第二步，做因变量对自变量和调节变量的交互项的回归分析，模型 6 中 ICM 与组织公平氛围的交互项（$\beta = -0.066$，$p < 0.01$）对组织公民行为有显著影响；并且，模型 9 中 ICM 与组织公平氛围和威权领导的三项交互项对组织信任（$\beta = 0.047$，$p < 0.05$）有显著影响。

第三步，做因变量对自变量和调节变量的交互项、中介变量的回归分析，模型 7 组织信任的系数为 0.191（$p < 0.01$）。

第四步，基于第三步的回归方程，在模型 7 中，ICM 与组织公平氛围的交互项系数为 -0.102（$p < 0.01$）；因此，组织信任在组织公平氛围对 ICM 与组织公民行为的调节效应间没有表现出中介作用；假设 3-6 没有得到支持。另外，在模型 9 中，ICM 与组织公平氛围和威权领导的三项交互项系数为 0.047（$p < 0.05$），相

比模型 10 显著性降低；因此，组织信任中介了 ICM、组织公平氛围和威权领导交互项与组织公民行为的关系，假设 3-7 得到支持。

表 3-4　假设 3-5 至假设 3-7 的检验结果

变量	组织公民行为			组织信任	
	M6	M7	M8	M9	M10
性别	−0.025	−0.013	0.034	0.029	0.029
年龄	0.040	0.072	−0.042	−0.006	−0.186
教育程度	0.016	0.025	0.036	0.050	−0.077
婚姻状况	0.026	0.026	0.018	0.013	0.028
教龄	−0.079	−0.106*	−0.072	−0.102**	0.153
职称	0.066	0.064	0.122*	0.122**	0.001
行政职务	0.012	0.034	0.015	0.032	−0.085
ICM	0.484**	0.451**	0.386**	0.339*	0.242**
OT		0.191**		0.193*	
OJC	0.215**	0.055	0.273**	0.128*	0.252**
AL			0.245**	0.273	−0.114
$ICM×OJC$	−0.066**	−0.102**	−0.019	−0.043	0.126**
$ICM×AL$			−0.012	0.010	−0.113
$OJC×AL$			−0.158**	−0.145**	−0.068
$ICM×OJC×AL$			0.071**	0.047*	0.125**
R^2	0.585	0.643	0.702	0.756	0.626
ΔR^2	0.100**	0.158**	0.217**	0.273**	0.141**
F 值	32.104	37.259	38.203	46.613	27.477

注：均为非标准化系数；$N=322$，＊表示 $p<0.05$，＊＊表示 $p<0.01$。自我职业生涯管理（Individual Career Management, ICM），组织信任（Organization Trust, OT）、组织公平氛围（Organizational Justice Climate, OJC）、威权领导（Authoritarian Leadership, AL）及组织公民行为（Organizational Citizenship Behavior, OCB）。

为进一步检验该调节效应的作用模式是否与假设 3-4、假设 3-5、假设 3-7 一致，我们采用简单坡度法：较低水平与较高水平威权领导、组织公平氛围与威权领导交互项分别依据该变量的平均数减一个标准差（−1 SD）和加一个标准差（+1 SD）取值。如图 3-2 所示，ICM 与组织信任的关系在组织公平氛围较高时比较低时更强，所得结果与假设 3-4 一致。如图 3-3 所示，ICM 与组织信任的关系在高一高、高—低、低—高和低—低四种模式下均是正向的，且在高—高模式下正向关系最强（*simple slop* = 4.437，*p* < 0.01），低—高模式下次之（*simple slop* = 3.475，*p* < 0.01），紧接着是高—低模式（*simple slop* = 2.581，*p* < 0.01）与低—低模式（*simple slop* = 2.017，*p* < 0.01），所得结果与假设 3-5 一致。同样，如图 3-4 所示，ICM 通过组织信任对组织公民行为的关系在四种模式下也均为正向，且同样在高—高模式下正向关系最强（*simple slop* = 2.580，*p* < 0.01），低—高模式下次之（*simple slop* = 1.690，*p* < 0.01），紧接着是高—低模式（*simple slop* = 1.683，*p* < 0.01）与低—低模式（*simple slop* = 1.275，*p* < 0.01），所得结果与假设 3-7 一致。

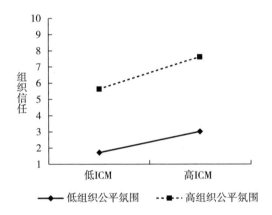

图 3-2　组织公平氛围对自我职业生涯与组织信任关系的调节作用

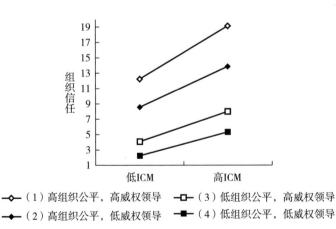

图 3-3　威权领导与组织公平氛围对自我职业生涯管理与组织信任关系的调节作用

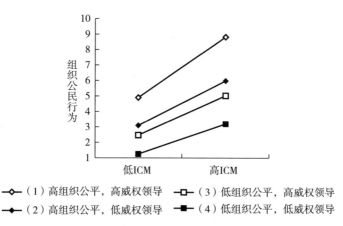

图 3-4　威权领导与组织公平氛围对自我职业生涯管理与组织公民行为关系的调节作用

第五节　研究结论与讨论

一、研究结论讨论

本章聚焦高校教师群体，构建并验证了 ICM 对组织公民行为的中介效应及边界条件，实证结果基本上支持了预期理论假设。具体研究结果讨论有以下三个：

第一，本章将高校教师组织公民行为纳入 ICM 研究模型。首先，从理论上构建了 ICM 影响组织公民行为的因果关系。研究结果表明，高校教师的 ICM 与其组织公民行为正相关。其次，检验了社会认同视角下组织信任在高校教师 ICM 与组织公民行为之间的关系。研究结果发现，组织信任在 ICM 与组织公民行为之间起部分中介作用。

第二，本章还基于高校的具体情境，探究了教师 ICM 与组织公平氛围的匹配，检验了教师 ICM 对教师组织信任的影响是否会依赖于组织公平氛围。研究的结果支持了本书所提出的理论假设，即教师 ICM 对组织信任的影响效应随着组织公平氛围感的增强而增强。更进一步地，我们还检验了模型是否存在一个被中介的调节作用，即假设 3-6，但研究结果未支持假设 3-6，也就是说组织信任并未得到中介组织公平氛围的调节作用。出现上述原因，可能是由于高校教师对组织公平氛围的感知远远超过了组织信任，才导致了组织信任并未在其中表现出中介关系。具体来讲，当组织公平氛围出现时，教师会认为学校为其提供了良好的工作环境与氛围，自己的职务晋升及薪酬分配都有章可循，只要自己有所付出，就会得到学校的公正对待与评价，此时教师的内心已经获得了足够的安全感与满足感，因此其 ICM 对组织公民行为的影响是直接的，而无需通过组织信任。此外，就全社会而言，教师是一份受人尊重的职业，并且教师一般情况下也会以师德的标准要求自己，即使面对一些不公平的现象，教师仍可能会出于职业道德要求而做出组织公民行为。当然对此结果的分析还需要未来进一步研究。

第三，本章还验证了模型是否存在一个三项的调节效应，即假设 3-5 和假设 3-7。结果表明，威权领导调节了组织公平氛围对 ICM 的调节作用，具体而言，当高—高模式出现时，教师 ICM 对组织信任的正向影响最强。同时，本章还检验了有中介的调节效应，结果表明，同样在高—高模式下，组织信任可以更多地传导 ICM 对组织公民行为的效应。正如前文所述，由于目前中国仍处于"法治"与"人治"并存的阶段，才导致了这种高—高管理模式的效应最大。但随着尊重制度、遵守规则等观念不断深入人心，未来的管理模型还是应该以制度与规则为基石，弱化"人治"在其中所起的作用，逐步过渡到低—高模式下（低威权领导，高组织公平氛围）。同时，通过斜坡检验后也意外发现，ICM 与组织信任及对后续组织公民行为的影响在高—低（高威权领导，低组织公平氛围）、低—低模式下也是正向的，这似乎与先前的认知有所差异。其实不然，首先，威权领导并未直接调节自变量，且威权领导的对象是高校的学院领导，与一般认知的企业领导有较大的身份差异。因此，在这一背景下，在高—低（高威权领导，低组织公平氛围）模式下，教师既感受到了领导的威权，同时也注意到了组织中公平氛围较低的事实，但受"人治"等观念的影响，教师会期待威权领导可以通过其专权及尚严的管理风格来提升组织的公平性，因此教师仍会对学校及领导产生希望，此时其 ICM 对组织信任及后续组织公民行为的影响便成了正向。当出现低—低模式时，虽然教师身处较低的组织公平氛围中，且面对较低水平的威权领导，但我们不能确定学校中是否还有其他领导风格的存在，例如，这种低威权领导是否已经转化为了真实型领导、变革型领导或包容性领导，这些虽然都是在调研中没有办法测量到的情况，但却极易出现在高校的管理中，而一旦出现上述的领导风格，则其对 ICM 与组织信任及后续组织公民行为的正向影响就有可能超过低组织公平氛围所带来的负向影响，致使研究结果出现反复。

二、理论启示

以往社会认同理论更多地集中于研究"组织—个体"间的关系，但从个人自身的 ICM 角度探索"个体—个体"间关系的研究却很匮乏。同时,尽管有关 ICM 影响组织或个体结果变量的研究已很丰富,但对个人层面组织公民行为的研究却不多见。本章的贡献在于以高校教师为样本,运用社会认同理论,实证检验了个体 ICM 与组织公民行为之间的关系,丰富了 ICM 对个体层面结果变量的研究,也拓展了组织公民行为的影响因素研究,即证明了除领导风格、领导行为及人力资源管理系统外,ICM 也是影响组织公民行为的重要因素之一。同时检验了组织信任在 ICM 与组织公民行为之间的中介作用,部分支持了 Sturges 等(2005)关于 ICM 有助于提高个体心理满足感及组织承诺的观点。虽然组织信任是 ICM 与组织公民行为的中介变量,但也只是部分地中介这一关系,说明未来的研究应当继续从不同角度的理论视角进一步挖掘 ICM 发挥作用的机理。此外,本章发现了高校教师 ICM 的有效性与组织情境及领导管理风格密不可分,组织公平氛围调节了 ICM 与组织信任之间的关系,这部分呼应了苗仁涛等(2013)提出的组织公平氛围有利于提高个体认同感及满意度的论断。还对被中介的调节作用及组织公平氛围与威权领导的交互的调节作用进行了检验,丰富完善了 ICM 与组织公民行为的影响机制和作用边界研究。

三、实践启示

本书至少有以下三点实践启示:

第一,个体进行 ICM 有助于其充分发挥超越角色外行为的作用。当然,我们着重强调 ICM 的积极作用并非否定了组织职业生涯管理对个体职业发展的作用,只是基于高校教师知识型群体身份的考虑,他们往往会更倾向于自发进行 ICM。因此,作为高校管理者或者企业知识型员工的管理者,在日常的组织管理过程中要重视下属自身 ICM 的作用,实施有助于个体 ICM 的管理举措,在日常的组织管理过程中要重视下属自身 ICM 的作用,实施有助于 ICM 的管理举措,并打造有利于个体 ICM 的氛围,着重引导个体主动地去进行 ICM。例如,组织可以从外部聘请专门的职业导师来引导个体主动去进行 ICM。

第二,教师 ICM 部分地通过对组织信任的感知来影响其组织公民行为,说明教师与学校之间的信任关系在 ICM 与组织公民行为间扮演着重要的角色。因此,高校在提高教师组织公民行为的过程中,可以着重关注教师与学校间的信任关系,不仅要加大学校重视教师贡献及关心教师幸福感的力度,还应该与教师坦诚相待、互相尊重,增加教师对学校的认同感,积极构建教师与学校间的信任机制,进而充分发挥教师组织公民行为的作用。

第三，我们发现教师 ICM 与组织公平氛围及威权领导的三项交互对组织信任及组织公民行为有显著影响，并且高组织公平氛围与高威权领导模式下效应最大。因此，要提高当前教师对组织的信任及其组织公民行为，学校管理者可以展示出威权领导的一面，即坚决维护学校的公平与公正，让教师感受到学校及领导对公平的重视，提升教师对学校持续性维护公平的信心。但也应该注意，该管理方法并非长久之计，管理者还是应该在实施这种管理的同时，逐步弱化自己的威权领导方式，随着法治的逐渐深入人心，渐渐将管理模式转换到高组织公平氛围与低威权领导水平模式下。

四、研究局限与未来展望

本书还存在三个局限性：一是有效样本量相对不足。尽管研究者投入大量精力和努力联系 15 所高校的 380 名教师参与调查研究，并希望每一位老师都能参与调查，但受到调研时间、调研空间及部分教师配合意愿等限制，我们最终只获得了 322 份有效样本，且样本仅仅来自 15 所高校，样本的覆盖面较窄。这些局限性也可能是导致假设 3-6 没有成立的原因之一。此外，虽然其余的假设均在一定程度上得到数据的支持，但由于样本量数量及覆盖面的问题，研究结论的普适性还需进一步确认。因此，未来的研究还需进一步扩大有效样本数量，并在更多的学校展开调研。二是我们仅仅选取了高等院校的教师作为研究对象，其结论是否可以推广到所有教师群体，还有待商榷。三是高校教师除了进行 ICM，同样需要来自组织的支持，即组织职业生涯管理，但由于调研设计的原因并未将其纳入模型，未来的研究可以兼顾个体与组织的职业生涯管理，探究其对后续结果变量的影响。

第四章　成就动机、职业生涯管理与
职业成功

如何实现职业成功，日渐成为当今理论界和实践界关注的热点。本章探讨成就动机对职业成功的影响，以及职业生涯管理（自我职业生涯管理与组织职业生涯管理）在其中的重要作用。基于 221 份数据进行实证研究，结果显示，首先，成就动机对职业满意度与职业晋升有积极影响；成就动机对自我职业生涯管理有正向预测作用，组织职业生涯管理调节了这一作用。其次，自我职业生涯管理在成就动机与职业满意度和职业晋升的正向关系中起完全中介作用。再次，组织职业生涯管理调节了自我职业生涯管理在成就动机与职业满意度之间的中介作用。最后，对研究结论进行讨论，并提出了相应的理论启示与实践启示。

第一节　问题提出

知识经济时代，由动态市场竞争引起的组织变革，导致雇员，特别是在市场经济条件下，营利性组织雇员终生服务于单一组织或职业成为小概率事件，催生了新型职业生涯模式——无边界职业生涯，即独立且不依赖于传统组织的职业安排（Arthur & Rousseau，1996；Arthur 等，2005）。与此同时，随着职业规划领域的理论研究与实践探索不断发展，人们开始对"职业成功是可以通过规划来实现的"深信不疑（Nie 等，2012）。因此，无边界职业生涯时代，个体如何通过规划来实现职业成功持续成为关注焦点（周文霞等，2015）。

社会认知理论（Social Cognitive Theory，SCT）认为，自我心理状态的转变，会导致个体认知能力和决策方式的转变，最终影响其行为结果（Bandura，2001）。研究也表明，心理因素作为人的一种意识形态，是影响个体取得职业生涯成功的重要驱动力量。例如，员工积极的心理资本（如个体动机、意义、认同等）能对职业成功产生积极预测作用（Converse 等，2012；周文霞等，2015）；

同样，在新型职业生涯模式下的积极心理状态——主动性人格（van den Born & van Witteloostuijn，2013；于海波等，2016）与核心自我评价（Converse 等，2016），也能够对职业成功产生积极影响。成就动机作为心理资本的重要衡量指标，是人类为达到期望目标而存在的内在动力与心理倾向，能够解释个体在特定情境下的一些行为（孙健敏等，2018）。研究发现，成就动机高的个体不仅能抓住职业生涯中的机遇，也会积极克服职业生涯过程中出现的困难，敢于接受挑战，并最终获得职业成功；而成就动机低的个体，自身心理状态阻碍了其潜力的发挥，更多是被动地接受职业生涯中的机遇和挑战。例如，研究发现成就动机中的绩效目标取向会使个体更倾向于通过寻求正向评价，而避免负向评价来展示自身的高水平（彭芹芳、李晓文，2004）。这种倾向会导致个体在遇到困难和挑战时，为了避免失败而采用随机态度或放弃寻求更好的策略，最终导致不能完成预期目标。然而，也有研究指出，成就动机对职业成功没有预测作用（刘华芹等，2013）。可见，有必要对员工个体的成就动机与职业成功的关系进行进一步探讨。

在无边界职业生涯条件下，积极职业心理状态下的自我主导有助于实现职业成功（Enache 等，2011），其符合这样一个机制过程，即积极心理状态—自我主导—职业成功。组织行为学的研究表明，积极的心理状态能在很大程度上激发员工积极的工作态度和行为（Briscoe 等，2006；Converse 等，2012）；同时，具有高超越动机（Transcendental Motivation）的员工，总是期望能够成为团队或组织的"领头羊"、核心，这种心理动机往往促使他们通过积极调整自身职业生涯规划来实现职业目标，进而获得更大的职业成功（Prabhu，2013；龙立荣，2003）。然而，为了实现职业目标，过往研究在关于究竟由"谁"（Who）对个人职业发展和职业成功肩负主要责任方面存在争议（个体还是组织）。进入新时代，无边界职业生涯的特点和要求——自我职业生涯管理，促使人们相信未来应更多依赖个体在职业生涯管理中发挥独立性和主动性作用（De Vos & Segers，2013；King，2004），即员工的自我主导（Self-Authorship），该观点指出自我职业生涯管理才是职业成功与否最为核心的内容，应该取代组织职业生涯管理（Clarke，2008）。基于职业发展理论（Super，1984），能够很好地进行自我职业生涯管理的员工不仅能在当下的职业生涯中取得成功，而且能获得更多的职业成就感和职业选择能力。研究也表明，通过加强自我职业生涯管理，员工可以在一定程度上获取更多职业成功的机会（Chang 等，2014）。因此，我们认为，员工的积极心理状态会激发其主动进行自我决策和自我规划，并最终实现职业成功。

那么，这是否就意味着"组织不再需要对雇员的职业生涯管理承担责任"

了呢？事实上，职业成功不仅有利于员工，也有利于他们的组织，因为员工的个人成功不仅能帮助员工提升自身满足感，也有助于提升组织绩效（Ng & Feldman，2010）。而雇员的自我职业生涯管理是必然会依托组织这个平台，因为组织职业生涯管理对个体职业生涯管理的有效性发挥了重要作用（翁清雄、卞泽娟，2015）。此外，当员工择业时，也通常会把组织提供的职业成长、发展机会以及可获取的资源（Ng 等，2005）视为优先考虑因素，因而促使组织日益重视员工的职业生涯管理。因此，在新职业生涯条件下兼顾个体与组织双向职业生涯管理是员工职业成功得以实现的关键。这与过往研究倡导的"员工职业成功的进一步探索应更多地基于系统性视角（System Perspective）"呼吁一致，在研究不同情境变量下（个体与组织情境）各种影响因素如何交互，并最终影响职业成功（Chang 等，2014）。然而，以往有关职业成功的影响因素及形成机制研究往往"分时间段"或专注于组织因素或专注于个体因素，同时兼顾自我职业生涯管理与组织职业生涯管理的"系统性"研究仍略显不足。

因此，本章将基于中国管理情境，探索在自我职业生涯管理视角下作为心理状态的成就动机与职业成功的关系；同时，为弥补兼顾自我职业生涯管理与组织职业生涯管理研究之不足，将尝试检验自我职业生涯管理的中介作用及组织职业生涯管理在上述关系中的作用边界；并通过检验兼顾中介作用和调节作用的复杂模型，揭示成就动机促进职业成功的作用机制、边界，对职业生涯管理与动机理论有重要意义。

第二节　理论背景与研究假设

一、成就动机与职业成功

职业成功（Career Success）反映的是个体在工作中逐渐积累和获得的与工作相关的成就及积极心理感受（Arthur 等，2005），其可进一步划分为主观职业成功（Subjective Career Success）与客观职业成功（Objective Career Success）两个维度。其中，主观职业成功是指个人对成功的看法，包括对成就和未来前景的认可与满足（Kuijpers & Scheerens，2006），代表个人的职业发展与个人职业目标的一致程度（Chiaburu 等，2013）；而客观职业成功则是公开的，更多关注个人的社会角色和公众立场（Arthur 等，2005）。有研究认为，职业成功的主观方面只是其诸如财富与地位等客观方面的副产品，即客观职业成功是主观职业成功的近端前因变量（周文霞等，2015），且实证也支持客观职业成功能够显著影响主观职业成功（Luna-Arocas & Camps，2007）；但也有元分析研究表明，两者之间的相关性低于 0.3（Abele 等，2010）。因此，两者的关系（因果关系、先后顺序、独立关系）并无统一观点。进一步地，以往大多研究并未将职业成功做出明确的主客观区分（Baruch 等，2014），这种方式极大地降低和模糊了预测变量与客观性测量工具间的关系。由于市场竞争加剧及组织扁平化的发展，员工的职位提升与薪水的涨幅均受到极大限制，仅仅靠客观职业成功来衡量职业成功也失之偏颇（Zacher，2014），且许多客观职业成功的人也并没有感受到自身的职业成功或者说并未对自身的职业成就感到满意，如职位越高的经理人，幸福感越低，表明并不能简单的将主观职业成功与客观职业成功混为一谈（Volmer & Spurk，2011）。因此我们认为有必要将主观职业成功与客观职业成功进行区分，以更加准确地进行职业成功的形成机制研究。本章将从晋升次数（Boudreau 等，2001）、薪酬水平（Judge 等，1995）两方面来测量客观职业成功；从职业满意度角度来考察主观职业成功（Lounsbury 等，2012）。

成就动机（Achievement Motive，AM）表现在敢于追求自我、挑战自我及实现自我价值最大化，强调个体对环境的掌控以及自我潜能的实现，是一种自我提高的多维度内部驱动。Atkinson（1957）认为，成就动机可进一步分为追求成功（Motive to Achieve Success，Ms）和避免失败（Motive to Avoid Failure，Mf）两种倾向。其中，追求成功可以表现为更具积极倾向的心理状态，而避免失败表现为在维持现状情况下的避免挑战及负面评价。当个体面对一项工作任务时，这两种倾向是同时存在的；当追求成功大于逃避倾向时，会促使个体奋发努力，反之则会引起个体的退缩行为（Atkinson，1957）。

基于成就动机理论（Phillips & Gully，1997），员工个体的绩效取决于其自身学习目标取向与绩效目标取向，这两种取向也是引发追求成功与避免失败两种倾向的原因。学习目标取向的个体更倾向于掌握新技能、适应新环境，不惧挑战与失败；绩效目标取向可以进一步分为证明目标取向和回避目标取向，证明目标取向的个体更期望得到优于他人的正面评价，而回避目标取向的个体更关注自身的行为是否会受到负面评价，会为了避免失败和负面评价而放弃进一步寻求更优策略（张文勤、孙锐，2014）。通过该理论可知，成就动机较强的员工除了在工作中注重提升自身的胜任力、知识与技能外，也更加关注自身在融入工作环境过程中能力的动态变化（屠兴勇等，2016）。具体来说，首先，成就动机较强的员工，在自我发展信念的驱动下，能更快地融入周围的工作环境中，容易获得来自组织的积极评价和其他员工的帮助，有助于产生并维持积极的心理状态；其次，当员工面对工作任务时，拥有积极心理状态的员工会采用更能动的工作方法，帮助其更高效、科学地完成工作任务，进而提升工作绩效，实现职业目标，获得职业满足感；最后，在遇到职业发展障碍时，高成就动机的员工愿意把战胜困难的过程作为提升自己知识、技能及能力的契机，进而为完成职业目标、实现职业成功做更好的准备（甄美荣等，2015）。研究也表明，成就动机强的个体，往往会表现出目标导向和积极进取等优秀品质，并容易获得较高水平的工作绩效与创造力（屠兴勇等，2016），因而可以获得更多晋升机会与更高薪酬水平（Joo & Ready，2012；Prabhu，2013）。因此提出：

假设4-1a：成就动机与职业满意度之间有显著正向作用。

假设4-1b：成就动机与薪水之间有显著正向作用。

假设4-1c：成就动机与晋升之间有显著正向作用。

二、成就动机与自我职业生涯管理、职业成功

组织、雇佣关系及工作角色的无边界性特点，需要员工从自身出发来承担更多职业发展责任，改变职业发展策略，提升职业发展竞争力、实现职业发展目标（De Vos等，2011）。自我职业生涯管理（Individual Career Management，ICM）是员工在组织环境下，基于个人的价值观或理念，为提升职业竞争力、促进职业发展，主动实施的一系列措施和方法（Converse等，2012）。

个体心理因素是影响自我职业生涯管理的重要因素之一。成就动机作为员工个体心理因素的重要组成部分，对员工的职业发展有不可忽视的影响（Prabhu，2013）。成就动机理论指出，目标取向（学习目标取向和绩效目标取向）能显著预测员工的绩效与行为（Hirst等，2009；张文勤、孙锐，2014），具体表现为：高成就动机的员工具备较高的自我发展信念，员工能更好地感知、理解自己的工作内容及环境；高成就动机的员工，通常具备明确的学习目标，致力于在复杂环境中寻觅和把握学习机会，来提升自身知识水平与工作技能（屠兴勇等，2016）；高成就动机的员工，为了掌握更多的知识与技能，愿意通过知识分享等方式与其他员工建立互惠合作的良好关系（张文勤、孙锐，2014）；高成就动机的员工在面对复杂的工作任务与挑战时，能将专注力集中于真正产生效用的知识上，并敢于调整职业生涯策略，以更具创造性的方法解决自身的职业发展问题（Steele-johnson等，2000）。因此提出：

假设4-2：成就动机对自我职业生涯管理有显著正向影响。

自我职业生涯管理可以进一步分为两种行为：一种行为是个体面向组织内部，为更好地实现工作目标而实施的职业生涯管理行为；另一种行为是个体面向组织外部，通过跳槽等方式促进自身职业发展的行为（周文霞、辛讯，2017）。员工在组织环境内实施有效的自我职业生涯管理，不仅能增加员工的工作投入、组织承诺以及其与组织的匹配性，也能进一步促使员工更好地完成工作任务、实现职业目标（Wang & Wanberg，2017）。通过文献的梳理发现，自我职业生涯管理能正向预测主观职业成功（职业满意度）。如职业目标的设定，能促使员工不断地重视知识与技术的积累，帮助员工提升专业技能、增加职业满意度（Yarbrough等，2016）等。同时，也有实证研究支持自我职业生涯管理能对个人的客观职业成功（晋升、薪酬）产生影响。例如，在职业生涯管理中的职业策略对管理人员的薪酬提升、绩效增长有显著正向影响（张学和等，2013；Joo & Park，2010）；相比于其他员工，有效实施 ICM 的员工能够更快获得薪酬增长与职位提升（Hirschi & Jaensch，2015）。

结合前文讨论，基于成就动机理论，我们可以进一步推测，员工的学习目标取向与绩效目标取向能促使员工积极地进行自我职业生涯管理，进而影响员工的职业成功。具体而言，高成就动机的员工倾向于进行自我职业生涯管理，而员工的自我职业生涯管理与其个人的职业发展是密切相关的，通过进行自我职业生涯管理，不仅可以帮助员工消除职业生涯发展过程中的阻碍与困难，也能使员工更好地把握职业发展的方向，以更好地适应工作需要并获得职业成功。因此提出：

假设4-3a：自我职业生涯管理对成就动机和职业满意度的关系起中介作用。

假设4-3b：自我职业生涯管理对成就动机和薪水的关系起中介作用。

假设4-3c：自我职业生涯管理对成就动机和晋升的关系起中介作用。

三、组织职业生涯管理的调节作用

组织职业生涯管理（Organizational Career Management，OCM）是指由组织面向员工主动实施的，包含职业建议、培训、指导评价、提升员工职业自我认知等举措，旨在进一步开发员工的潜力、帮助员工实现个人职业目标、获得职业满足感的一系列管理活动（Krishnan & Maheshwari，2011）。组织职业生涯管理只有被员工感知到才能发挥作用，因此本章从员工感知出发来测量组织职业生涯管理。基于社会认知职业理论（Social Cognitive Career Theory，SCCT），员工的自我约束、动机、认知与社会经济条件是相互影响的，即个体受心理状态的影响所做出的一系列的应对行为，与一定的社会、组织环境密不可分（Lent & Brown，2019）。也就是说，成就动机与自我职业生涯管理之间并不是简单的直接关系，在组织内部实施自我职业生涯管理，必然会受到组织环境的影响。

具体而言，成就动机高的员工倾向于采用一系列的方式方法来实现自己的职业目标，相对于不重视组织职业生涯管理的企业，积极实施组织职业生涯管理的企业会通过采用公平晋升、职业自我认知、提供职业信息、指导培训等举措来帮助员工建立清晰的职业目标，使员工自我实现，使员工感知到来自组织的支持，增强员工对组织的认同感，会使员工做出更多的面向组织内部的 ICM 行为（周文霞、辛迅，2017）；同时，组织职业生涯管理采取的员工参与融入计划也在一定程度上使员工了解组织所承担的角色与组织所推崇的期望、价值观等，既有助于增强员工与组织的匹配性，也提升了员工的职业目标与组织的职业目标的契合度，使员工做出更多的面向组织内的 ICM 行为。反之，不重视组织职业生涯管理的企业，会在一定程度上影响员工的成就动机，不利于营造员工对组织的忠诚氛围，也容易导致员工的流失。因此提出：

假设 4-4：组织职业生涯管理在成就动机与自我职业生涯管理之间的关系中起到调节作用。

无边界生涯时代，职业生涯管理具有不稳定性与动荡性，个体行为表现出强烈的自我导向性，在此情境下，组织职业生涯管理究竟在员工的职业发展过程中发挥了怎样的作用？许多研究关注自我职业生涯管理和组织职业生涯管理的关系（Lips-Wiersma & Hall，2007；周文霞、辛迅，2017），虽然两者之间的复杂关系还没有被揭示，但员工追求职业成功的热情，在组织职业生涯管理的影响下，会影响员工的职业决策，最终影响员工的职业成功。因此，本章还可以进一步地表现为一个被调节的中介作用模型。具体而言，自我职业生涯管理中介了成就动机对职业成功的影响；但是该中介作用的大小取决于组织职业生涯管理的调节作用。由于感知到组织注重职业生涯管理，员工在组织内的成就动机对自我职业生涯管理的影响更大。因此，个体面向组织内的自我职业生涯管理更多地传导了成就动机对职业成功的影响；与之相反，如果组织职业生涯管理不被重视，那么成就动机对面向组织内部的自我职业生涯管理的作用就越小，导致成就动机对职业成功的效应更少地通过自我职业生涯管理来传导。因此提出：

假设 4-5a：组织职业生涯管理调节了自我职业生涯管理对成就动机和职业

满意度关系的中介作用；组织职业生涯管理越多，自我职业生涯管理对成就动机与职业满意度的中介作用越强；反之越弱。

假设 4-5b：组织职业生涯管理调节了自我职业生涯管理对成就动机和薪水关系的中介作用；组织职业生涯管理越多，自我职业生涯管理对成就动机与薪水的中介作用越强；反之越弱。

假设 4-5c：组织职业生涯管理调节了自我职业生涯管理对成就动机和晋升关系的中介作用；组织职业生涯管理越多，自我职业生涯管理对成就动机与晋升的中介作用越强；反之越弱。

本章的研究模型如图 4-1 所示。

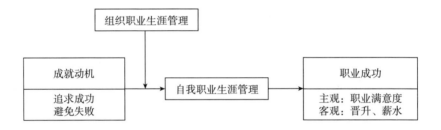

图 4-1　成就动机对职业成功的影响机制模型

第三节　研究方法

一、研究样本

通过问卷获取数据，问卷共填写 256 份，通过对无效问卷的删除，得到有效问卷 221 份，从有效数据来看，男性占 48.4%；26 岁以下占 30.8%，26~30 岁占 48.4%，31~40 岁占 10.4%，40 岁以上占 10.4%；从受教育程度来看，本科占 26.1%，硕士及以上占 61.2%；从工龄来看，2 年以下占 36.6%，2~4 年占 42.5%，5 年及以上占 20.9%。

二、测量工具

本章所使用的量表均是国内外成熟量表，在很多研究中都使用过，具备条目的适当性和问卷的科学性，同时也根据本书的情况做了简单的调整与修订。问卷共包括四部分：第一部分是与研究变量相关的人口统计学控制变量；第二部分是自变量即成就动机的相关问卷；第三部分是中介变量与调节变量，即自我职业生涯管理和组织职业生涯管理；第四部分是结果变量——职业成功。所有量表都采用 Likert 4 量表进行评价（1 为"非常不符合"，4 为"非常符合"）。

通过对文献的整理、分析和总结，研究归纳了几个影响成就动机、职业生涯管理及职业成功的主要人口统计学因素作为控制变量，包括性别（男性=1，女性=2）、年龄、学历、职龄、单位性质、工作年限 6 项。选用了较成熟的量表作为测量工具，因为它们通过在文献中的反复使用证明了较高的信度与效度，并且在相应的中国本土化研究中得到过证实，认可度很高。

成就动机量表采用被国内研究广泛采用和经过许多国内学者的证明的成熟量表，此表最早于 20 世纪 70 年代由 Gjesme 和 Nygard 编制，由叶仁敏和 Hagtvet 于 1992 年进行修订。由追求成功与避免失败两个维度组成，包含 30 项条目，如"我喜欢对我没有把握解决的问题坚持不懈地努力""当我遇到我不能立即弄懂的问题时，我会焦虑不安"等（$\alpha = 0.778$，$p < 0.01$）。

自我职业生涯管理问卷采取龙立荣（2002）编制的自我职业生涯管理问卷，由职业探索、职业目标和策略制定、继续学习、注重关系、自我展示五个维度构成，包含 11 个题项，如"我主动要求变换工作岗位，以丰富职业经验""为了获得进一步提升，我能得到很多人的帮助"等（$\alpha = 0.859$）。

组织职业生涯管理量表采用龙立荣（2002）编制的调查问卷，由公平晋升、注重培训、职业发展和提供信息四个维度构成，包含 8 项条目，例如，"我的单位专门有人给我提供优缺点信息""我的单位有明确的各类员工任职资格的标准和文件"等（$\alpha = 0.925$）。

主观职业成功是在 20 世纪 90 年代由 Greenhaus 编制的，此量表在 2002 年由龙立荣翻译与修订并进行了验证和分析。该量表由职业满意度单维度构成，包括 5 项条目，如"我对我的职业所取得的成功感到满意""我对自己为满足获得新技能目标所取得的进步感到满意"等（$\alpha = 0.908$）。

客观职业成功采用薪水——月薪（人民币）和晋升次数来衡量。月薪包括基本工资、奖金、津贴和其他货币性收入。晋升的含义是"等级上的任何提升和/或工作责任或工作范围的任何明显增加"。

第四节 研究结果与发现

一、信效度分析结果

本章利用 AMOS 21.0 软件对调研数据进行验证性因子分析，通过模型比较的方法来考察各量表的区分效度（Discriminant Validity）。如表4-1所示，与其他模型相比，五因子模型拟合最为理想，说明本章所设计的构念具有良好的区分效度，它们确实是五个不同的概念①。

表4-1 验证性因子分析结果

模型	χ^2	df	χ^2/df	TLI	CFI	RMR	$RMSEA$
单因子模型	4073.658	1224	3.328	0.499	0.519	0.060	0.103
二因子模型	3730.070	1223	3.050	0.581	0.598	0.077	0.097
三因子模型	3078.100	1124	2.739	0.656	0.671	0.072	0.089
四因子模型	2372.791	983	2.493	0.736	0.749	0.064	0.080
五因子模型	732.498	425	1.724	0.911	0.919	0.036	0.057

注：单因子模型：六个变量合为1个因子；二因子模型：自我职业生涯规划、组织职业生涯规划、主观职业成功与客观职业成功合为1个因子；三因子模型：自我职业生涯规划和组织职业生涯规划合为1个因子；主观职业成功与客观职业成功合为1个因子；四因子主观职业成功与客观职业成功划合为1个因子；五因子晋升和薪水合为1个因子。

本章仅运用问卷调查法，可能存在共同方法偏差，因此进行了 Harmon 单因子检验，获得未经旋转的第一个因素的解释共变量为32.012%，而总解释共变量为69.471%，未达一半，因此不存在或存在程度较低的多重共线性问题。

表4-2首先给出主要变量的数据特征，包括均值、标准差、主要变量的相关系数及信度系数，发现各变量的相关系数均在0.236~0.638，大多是中低程度相关，相关性合理，问卷质量可靠；其次数据分析显示四个因子的 Cronbach's α 系

---

① 本书引用的客观职业成功的衡量标准（晋升、薪水），在因子分析时，不便于拆分进行六因子模型分析，予以说明。

数在 0.778~0.925，均大于可接受水平 0.700，表明各测量项目具有良好的内部一致性，具有较高的信度。

另外，从表 4-2 也可以看出，成就动机与自我职业生涯管理、职业满意度、薪水及晋升均显著相关，并且自我职业生涯管理与职业满意度、薪水及晋升也显著相关。这为接下来自我职业生涯的中介作用分析提供了必要的前提。

表 4-2　主要变量的均值、标准差、相关系数和内部一致性

变量	*Mean*	*SD*	1	2	3	4	5	6
成就动机	0.456	0.763	0.778					
自我职业生涯管理	2.864	0.456	0.577**	0.859				
组织职业生涯管理	2.55	0.693	0.447**	0.638**	0.925			
职业满意度	2.772	0.657	0.383**	0.551**	0.598**	0.908		
薪水	6262.44	3587.705	0.195**	0.233**	0.264**	0.287**	—	
晋升	1.52	1.778	0.248**	0.365**	0.236**	0.249**	0.412**	—

注：①**表示 $p<0.01$；②相关系数在矩阵下三角中，对角线上为各变量的 α 信度系数。

二、假设检验

本章以成就动机为自变量，职业成功为因变量构建模型。为了检验自我职业生涯管理的中介效应，我们采用 Baron 和 Kenny（1986）的三步方法。如表 4-3 所示，第一步，模型 3、模型 6 和模型 9 分别纳入被试的性别、年龄、学历、工作年限、公司性质、公司规模为控制变量。模型 4、模型 7 与模型 10 对成就动机对职业满意度、薪水与晋升进行回归分析。结果显示，成就动机对职业满意度（$\beta=0.325$，$p<0.01$）与晋升（$\beta=0.126$，$p<0.05$）有显著影响，假设 4-1a 和假设 4-1c 得到支持，而成就动机对薪水（$\beta=0.094$，$p>0.05$）无显著影响，假设 4-1b 没有得到支持。第二步，模型 2 显示成就动机对自我职业生涯管理（$\beta=0.491$，$p<0.01$）有显著预测作用，假设 4-2 得到支持。模型 5、模型 8 和模型 11 将自我职业生涯管理纳入模型，成就动机对职业满意度（$\beta=0.102$，$p>0.05$）、晋升（$\beta=0.028$，$p>0.05$）影响均不显著，自我职业生涯管理与职业满意度（$\beta=0.454$，$p<0.01$）、晋升（$\beta=0.199$，$p<0.05$）影响均显著相关。结果表明，自我职业生涯管理完全中介了成就动机对职业满意度、职业晋升的正向影响，假设 4-3a、假设 4-3c 得到支持。而由模型 8 可得，假设 4-3b 没有得到支持，同时可得出假设 4-5b 同样没有得到支持。

表 4-3　主效应与中介效应分析结果

变量	自我职业生涯规划			职业满意度			薪水			晋升	
	M1	M2	M3	M4	M5	M6	M7	M8	M9	M10	M11
(1) 控制变量											
性别	-0.148*	-0.086	-0.160*	-0.118	-0.079	-0.058	-0.046	-0.036	-0.124*	-0.108	-0.091
年龄	-0.006	-0.018	0.086	0.078	0.086	0.100	0.097	0.100	0.241*	0.238*	0.242*
学历	0.129*	0.030	0.065	0.071	-0.014	0.187**	0.168*	0.164*	-0.004	-0.029	-0.035
工作年限	0.413**	0.290**	0.227*	0.145	0.013	0.212*	0.188	0.153	0.241*	0.209*	0.151
公司性质	-0.086	0.009	-0.008	0.055	0.051	0.037	0.055	0.054	-0.716	-0.023	-0.024
公司规模	-0.096	-0.055	-0.058	-0.031	-0.006	0.223**	0.231**	0.237**	-0.399	-0.017	-0.006
(2) 自变量											
成就动机		0.491**		0.325**	0.102		0.094	0.034		0.126*	0.028
(3) 中介变量											
自我职业生涯管理					0.454**	0.173**		0.123	0.222**		0.199*
R^2	0.201**	0.404**	0.113**	0.203**	0.326**	0.173**	0.181	0.19	0.222**	0.236*	0.259*
ΔR^2	0.201**	0.204**	0.113**	0.089**	0.123**	0.173**	0.008	0.009	0.222**	0.013*	0.024*
ΔF	8.948	72.842	4.549	23.882	38.649	7.485	1.963	2.378	10.191	3.740	6.769

注：均为标准化系数；$N=221$；M 为模型；*表示 $p<0.05$；**表示 $p<0.01$。

对调节效应的检验。本章检验组织职业生涯管理对成就动机和自我职业生涯管理之间的调节效应，我们利用 Edwards 和 Lambert（2007）有调节的中介整体分析框架对组织职业生涯管理的调节作用进行检验。

如表 4-4 所示，当组织职业生涯管理在离均值正负一个标准差时，第一阶段的效应值差异均显著（$\Delta = 0.096$，$p < 0.01$），结果表明，组织职业生涯管理对成就动机与自我职业生涯管理之间的关系起到正向调节作用，假设 4-4 得到支持。

进一步采用简单坡度法，组织职业生涯管理对成就动机与自我职业生涯管理的正向调节作用如图 4-2 所示。成就动机对自我职业生涯管理的正向预测作用随着组织职业生涯管理实践强度的提高而增强。

表 4-4　被调节的中介作用分析结果

Hypothesis/variable	分析结果			
	成就动机（X）→自我职业生涯规划（M）→职业满意度（Y_1）			
调节变量：组织生涯职业规划	阶段		效应	
	第一阶段 $P_{M,X}$	第二阶段 $P_{Y_1,M}$	直接效应 $P_{Y_1,X}$	间接效应 $P_{M,X} \times P_{Y_1,M}$
低水平（−1 s.d.）	0.182**	0.379**	0.022	0.069**
高水平（+1 s.d.）	0.278**	0.613**	−0.052	0.170**
差异	0.096**	0.234	−0.074	0.101**
	成就动机（X）→自我职业生涯规划（M）→薪水（Y_2）			
调节变量：组织生涯职业规划	阶段		效应	
	第一阶段 $P_{M,X}$	第二阶段 $P_{Y_2,M}$	直接效应 $P_{Y_2,X}$	间接效应 $P_{M,X} \times P_{Y_2,M}$
低水平（−1 s.d.）	0.182**	0.072	0.173**	0.013
高水平（+1 s.d.）	0.278**	0.162	−0.023	0.045
差异	0.096**	0.090	−0.196**	0.032
	成就动机（X）→自我职业生涯规划（M）→晋升（Y_3）			
调节变量：组织生涯职业规划	阶段		效应	
	第一阶段 $P_{M,X}$	第二阶段 $P_{Y_3,M}$	直接效应 $P_{Y_3,X}$	间接效应 $P_{M,X} \times P_{Y_3,M}$
低水平（−1 s.d.）	0.182**	0.365**	0.112	0.066**
高水平（+1 s.d.）	0.278**	0.550**	0.084	0.153**
差异	0.096**	0.185	−0.028	0.086

注：**表示 $p < 0.01$。

下面对组织职业生涯管理对自我职业生涯管理在成就动机与主客观成功之间的有调节的中介效应进行检验。我们采用拔靴法，计算路径系数、间接效应和差异显著性（见表4-4）。就成就动机对职业成功的影响过程而言，自我职业生涯管理对职业满意度和晋升表现出完全中介的作用。关于职业满意度的检验，间接效应检验中，第一阶段影响效果：组织职业生涯管理高与低差异显著，假设4-4得到验证；第二阶段影响效果：组织职业生涯管理高与低差异不显著，但间接效应检验显著，说明组织职业生涯管理在一定程度上调节了自我职业生涯管理对成就动机与职业满意度的中介作用，假设4-5a得到验证。

关于晋升的检验，在间接效应检验中，第一阶段影响效果：组织职业生涯管理高与低差异显著；第二阶段影响效果：组织职业生涯管理高与低差异不显著。另外，直接效应与间接效应均不显著，因此，假设4-5c不能得到验证。

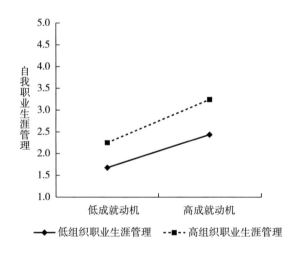

图4-2　组织职业生涯管理在第一阶段的调节作用

第五节　研究结论与讨论

一、研究结论与理论启示

尽管有关心理因素影响职业成功的研究已有不少，但成就动机作为一种追求成功的内在驱动力，其与职业成功的关系研究并不多见。同时，关于自我职业生

涯管理与组织职业生涯管理的前因变量、中间变量以及影响后果的研究成果十分
丰富，但将两者结合在一起并探讨其对职业成功的影响研究不是很多。本章的贡
献在于利用成就动机作为自变量，并结合组织与个人职业生涯管理，研究在组织
的情境下的自我主导是如何指导个体行为，并使个人获得职业成功。

目前，关于心理资本、社会资本、人力资本三大因素对职业成功的影响机制
研究成为关注热点（周文霞等，2015），学者也认同心理资本对个体行为的影响。
本章检验了心理资本中的成就动机对职业满意度、晋升的正向预测作用，进一步
丰富了成就动机作用机制的研究。另外，本章也进一步检验了自我职业生涯管理
在成就动机与职业成功之间的中介作用。研究结果表明，成就动机强的个体，能
更加积极地进行自我职业生涯管理，不仅能获得更高的职业满意度，也更容易在
组织中获得晋升的机会。研究结果还表明，自我职业生涯管理在成就动机与职业
满意度、晋升之间发挥了完全中介的作用。

另外，我们也探讨了组织职业生涯管理在成就动机与自我职业生涯管理之间
的调节作用，研究结果支持了我们的假设。成就动机通过自我职业生涯管理对职
业成功的正向作用，依赖于组织职业生涯管理策略的实施。进一步结合被调节的
中介作用模型，检验了成就动机对自我职业生涯管理以及职业成功的影响依赖于
组织的职业生涯管理，研究结果部分支持了我们的假设。发现自我职业生涯管理
对成就动机与职业满意度的中介效应随着组织职业生涯管理实践的增强而增强，
其他被调节的中介作用没有被发现，表明自我职业生涯管理的作用不是无条件发
生的，而会受组织的职业生涯管理情景影响。

令人意外的发现是，成就动机对薪水的正向预测作用不显著。我们进一步分
析可能是由以下四个原因造成：一是由于无边界职业生涯时代，组织扁平化的发
展，研究者不能仅靠晋升与薪水来评价客观职业成功，也要重视员工个人市场竞
争力的作用。人们不再简单地将工作视为谋生手段，而是更加重视职业的动态性
和发展性。二是研究对象中本科及以上学历占87.3%，研究者发现，受过高等教
育的员工更容易进入无边界职业生涯时代，他们更倾向于采用无边界职业生涯的
态度——心理上的流动（Segers 等，2008），即更重视心理满足，通过强大的专
业能力实现个人的职业成长与自由（Jayasingam & Yong，2013）。三是结合目前
市场上的实际情况，大部分的"涨薪"要靠跳槽，而本章的研究对象多为面向
组织内部的职业生涯管理。四是在中国情境下，职业成功代表物质成功、实现工
作—家庭的和谐和个人自由发展，因此职业成功量表的"中国化""时代化"问
题也可能对实验结果造成了一定的影响，在中国情境下，有许多人更看重职位的

晋升与社会地位的提升。例如，针对中国管理者，职业类型与管理层级对职业成功的影响不同于一般的员工。

有趣的发现是，组织职业生涯管理对自我职业生涯管理关于成就动机与晋升的中介效应的调节作用并不显著，这说明组织职业生涯管理在自我职业生涯管理和职业成功的作用机制还需要我们进一步探索。进一步地，传统职业生涯是线性的等级结构，而无边界职业生涯是螺旋式上升，重视员工个人持续、动态的学习，以获取更多的知识、技能以及心理的满足，而不是追求简单的职位上升与薪水的涨幅（Briscoe 等，2006）。因此，整体而言，成就动机对职业满意度的中介作用模型与被调节的中介模型的拟合性明显优于薪水、晋升两个方面，这也与上述相关文献分析的新职业模式下人们更重视心理的满足的观点相同。因此，在新职业模式下的客观职业成功的测量标准以及如何取得客观职业成功值得进一步探索。

二、实践启示

本章在确认成就动机和自我职业生涯管理、自我职业生涯管理和职业满意度的关系的基础上，进一步地确认成就动机与职业满意度的关系，并且验证了组织职业生涯管理是否能够帮助员工更好地进行自我职业生涯管理。这些理论研究可以帮助企业更好地选人、用人，更好地开展组织中的人力资源管理实践，也能帮助员工发现职业生涯管理的重要意义，寻找获得职业成功的路径；企业应该重视组织职业生涯管理水平的提升，为员工进行自我职业生涯管理创造良好的氛围；员工也需要开阔眼界，积极感知来自组织的关怀，端正自己的工作态度，提升自己的技能和知识，把握职业生涯管理的主动权，更好地规划自己的职业发展，获得更大程度上的职业成功。

三、研究局限与未来展望

本章的局限主要有以下三个方面：一是测量方法的局限。成就动机的测量方法包括投射性测验和自陈式量表两类，各有利弊，分别适合测量内隐性成就动机和外显性成就动机。由于受收集问卷的方式所限，本章只采用了 AMS 自陈式量表测量成就动机，测量结果可能不够全面和精确；在职业成功的主客观衡量指标选择不够完善，本章采用的职业成功的量表在无边界职业生涯与中国情景下的适用性，可能导致实验结果的不准确。二是研究样本涵盖的群体不够广泛。样本大多在 20~30 岁，工作年限较短，会影响到结果的普遍性和适用性。另外，样本的行业和从事的工作类型没有进行区分，事实上不同行业和工作类型的薪水是有很大差距的，这会对研究结果产生一定的影响，未来的研究中应该对样本进行更细致的分类，提高研究的可靠度。三是研究中可能会存在同源偏差，因为问卷中的所有项目均采用自评的方式，容易产生同源误差。另外，组织职业生涯管理的评定也是由员工自评的，可能会受到员工主观意识和感知程度的影响。

　　未来的研究，首先，可以尝试集中在成就动机对某行业、企业确定的特定群体职业成功的研究上，加入更多的控制变量，因为它们具有更多的共性，更容易测量出成就动机对客观职业成功的影响。其次，由于自我职业生涯管理和组织职业生涯管理的复杂关系，可以尝试探讨两者匹配度对员工职业成功的影响。最后，关于"中国化""时代化"职业成功量表的开发也需要以后的学者进行进一步的研究。

第五章　工作重塑对员工创造性
绩效的影响

创造力之所以成为我们持续关注的焦点，是因为其对企业发展乃至国家的进步均异常重要。因此，探索创造力的激发因素、形成机制及作用边界成为长久不衰的研究热点。本章采用多元评价方法和在两个时点上对来自北京 7 家高科技公司 250 名员工进行了数据收集和分析，探索了工作重塑对员工创造性绩效影响的中介效应和边界条件。研究结果发现：①员工工作重塑对积极情绪、工作意义和创造性绩效均有正向影响；②积极情绪和工作意义在员工工作重塑与创造性绩效之间起着并列的双重中介作用，它们共同部分地中介了员工工作重塑对创造性绩效的正向关系；③包容型领导发挥了正向的调节中介作用，即包容型领导水平越高，积极情绪和工作意义在员工工作重塑与创造性绩效之间的中介作用越大，反之越弱。最后，对研究结论进行讨论，总结了本章的理论贡献、实践意义和研究局限，并提出了对未来研究的展望。

第一节　问题提出

传统的工作设计和正式的工作说明书会忽略一些非常重要的、员工用他们自己的方式执行工作的主动性行为。早有学者呼吁，由于工作中的动态变化，组织研究者应该从更细微的角度关注人们在组织中所实际执行的工作任务，以此来打开工作的"黑箱"。为回应这些诉求，近年来，一些组织研究者已经开始以新的视野来看待个人—工作之间的关系，并逆转了个人与工作关系的研究方向，即从以前的个人努力与工作相适应，转变为个人在塑造工作中的任务边界和关系边界扮演着更加积极的角色。Wrzesniewski 和 Dutton（2001）首次提出了反映员工主动调整和设计工作的新兴概念——工作重塑。工作重塑（Job Crafting）是组织文献中关于工作设计的理论性升华，反映了研究者日益重视个人为更好融入工作，实现工作—个人匹配，在塑造新的工作内容、方式和工作关系上所发挥的积极作用。

　　工作重塑的概念逐渐成为西方组织行为学和管理学研究的热点。尽管如此，工作重塑研究还处在初级阶段，一些关键问题还有待进一步关注。例如，在工作重塑的效果变量上，大部分的研究者主要聚焦在工作重塑对于人—岗匹配、工作投入、工作任务绩效的影响，鲜有研究关注对创造性绩效的影响。而创造性绩效作为员工工作成效的重要方面，已成为当今组织变革与创新的重要力量（张剑等，2009），一直是管理研究领域非常重视的结果变量。已有大量研究表明，工作特征、内在动机、心境等因素是创造性绩效的重要源泉（Shin & Zhou，2003；Gilson 等，2005；Shalley 等，2009），而工作重塑正是员工自主改变工作内容、工作关系，增加工作资源的行为，它可能带来促进创造性绩效的积极工作特征和积极心理状态，因此，本章将重点考察工作重塑对创造性绩效的影响。

　　在工作重塑对创造性的作用机制上，本章选取了积极情绪、工作意义作为并列的中介变量来解释其中介作用过程。之所以选择这两个中介变量有三个原因：一是员工工作重塑的主要出发点是满足个人的利益，获得在工作中的幸福体验是员工追求的最重要的目标。目前关于幸福感的研究主要存在以下两种取向：主观幸福感（Subjective Well-Being，SWB）和心理幸福感（Psychology Well-Being，PWB）。主观幸福感是从快乐论发展而来，认为人的幸福是由人的情感所表达；而心理幸福感则是从实现论发展而来，认为幸福应该是工作的意义和价值、个人潜能的发挥。基于上述两种取向的幸福观，积极情绪和工作意义正是从情绪情感层面和认知层面分别反映主观幸福感和心理幸福感的关键变量，这两种积极心理状态可能同时影响员工的创造性绩效。二是同时放入积极情绪以及工作意义作为中介变量，有利于比较工作重塑对创造性绩效主要是通过获得工作意义促进个人成长，还是让员工更加快乐才进而产生创造性绩效？通过比较两条中介路径的间接效应，能够加深人们对工作重塑作用机理的认识。三是将代表员工个人利益的变量作为中介变量，能够进一步证实员工工作重塑带给个人和企业的福祉是独立的还是相互促进的。同时站在个人利益和企业利益的角度考察工作重塑的效果，并厘清这些关键效果变量之间的关系，有利于管理者从个人和企业利益这两方面来同时考虑工作重塑的重要意义，以更好地促进员工工作重塑实现个人和组织双赢的效果。

　　领导作为企业资源的实际控制者，其实施领导职能的具体方式在很大程度上决定了工作重塑的实施状态和效果。因为，员工工作重塑不仅需要领导赋予个人较多自主权，更需要领导在他们根据自己的特长优势和职业目标对工作任务和工作关系边界进行改变的过程中给予更多鼓励、宽容和信任，允许他们在重塑工作中的试错行为，以及可能出现的与组织工作目标在一定范围内的暂时性冲突。包容性领导是包容思想被引入领导学研究的产物。典型的包容性领导风格表现为开放性、有效性、易接近性，乐意倾听和关注员工的个性化需要（Mor Barak，2000），这种领导风格的特点正是员工在工作重塑中获得良好的认知和情绪状态所需要的重要情景因素。根据情境力量理论（Situational Strength Theory）（Meyer 等，2010），本章认为，包容性领导风格有利于员工在工作重塑时感受到更多积极情绪和工作意义，并进而带来更高水平的创造性绩效。综上所述，本章将考察积极情绪和工作意义的并列双重中介作用，在此基础上，再将继续分别检验包容性领导对积极情绪和工作意义的间接效应所起到的调节作用。

第二节　理论背景与研究假设

一、工作重塑的内涵及结构

本章所涉及的研究对象是企业员工的工作重塑。目前，学术界对工作重塑的界定主要分为两种观点：

第一种，以 Wrzesniewski 和 Dutton（2001）为代表的观点，其对经典的自上而下的工作设计理论进行了补充，首先提出工作重塑的概念，他们把工作重塑定义为"个体在工作任务和工作关系上所做的操作性或认知上的改变"，这类观点普遍把工作重塑分为任务重塑、关系重塑和认知重塑这三种类型的重塑：①任务重塑，即员工在工作中通过自主改变任务执行的方式、数量、范围等方式来改变工作的边界；②关系重塑，即员工通过改变交际圈的范围或交往的质量来改变工作关系的边界；③认知重塑，即员工改变看待工作的方式，例如，通过改变对任务、关系或者整个工作本身的理解与看法来感知工作不一样的价值和意义。任务重塑与关系重塑都指的是员工在工作中的改变行为，而认知重塑反映的是人对工作的重新认知。虽然随后的一些学者对工作重塑的类型做了更多划分，如工作重塑还可以分为扩展性的工作重塑和收缩性的工作重塑（Laurence，2010）以及员工合作地去改变工作任务或关系的团队工作重塑（Leana 等，2009），但是，这些分类都是对 Wrzesniewski 和 Dutton（2001）观点的补充，所涉及的工作重塑还是主要反映在员工主动地对工作中任务和关系边界的改变上。

第二种，基于工作要求—资源模型（Job Demands-Resources model，JD-R）的观点。为捕获员工每天可能改变的工作内容或工作特点，Tims 和 Bakker（2012）将工作重塑的界定放在要求—资源模型的框架中。他们将工作重塑定义为"员工为了获得工作意义、提高工作投入和满意度，自发地在改变工作资源和工作要求的过程中所表现出的主动性行为"。在这里，工作重塑被设想为每天能够开展以及是以改变个人环境为目标的，个人的环境即是特定的工作要求和工作资源。虽然近年来兴起的基于工作要求—资源模型的观点也日趋成熟，但以 Tim 和 Bakker（2012）为代表的研究者将工作重塑确定为四个维度：增加结构性工作资源、增加社会性工作资源、增加挑战性工作要求和减少妨碍性工作要求，并开发标准化量表开展了一系列的实证研究。但是，这类观点主要适合探索两类问题：一是探索员工每一天发生的工作重塑行为及变化；二是比较员工不同类型的工作重塑行为的不同效果。由于"减少妨碍性工作要求"这样一种带有收缩性的工作重塑类型和其他三种工作重塑类型在对个人和组织相关结果的作用力方向上是相反的，因此，这种观点下的工作重塑效果研究更多是分维度进行探讨，而不能简单对工作重塑的各维度进行加总。

为保留工作重塑最本质的含义，本章将立足于第一种观点。但区别于 Wrzesniewski 和 Dutton（2001）最早提出的工作重塑，本章主要关注的是工作重塑的行为成分，即员工对任务和关系边界的重塑行为，而不是认知层面上的重塑。Demerouti（2014）认为，认知性的工作重塑很难被重新界定，因为它更多的是关注于员工自己的内心，而不是经常发生的、现实的改变。只有任务重塑和关系重塑展现了员工试图对工作边界施以实际的改变，而认知上的重塑只是代表了员工对任务再定义这一认知过程的介入程度，但对于工作并未产生直接性的改变。实际上，基于工作要求—资源模型下的工作重塑也集中在员工具体改变工作资源和工作要求的具体行为，而不是认知上。正因为如此，在 Wrzesniewski 和 Dutton（2001）提出工作重塑的概念后，一些学者也关注了员工主动改变工作任务边界和工作关系边界的具体行为，例如，Lyons（2008）在访谈基础上探索了企业销售人员的工作重塑，所得到的五类工作重塑均是个人主动地改变工作任务和工作关系的行为。综上所述，本章参考 Ghitulescu（2006）对工作重塑的定义，将工作重塑界定为："个人为了使工作与自己的能力、兴趣、动机和激情相匹配而自我实施的一系列改变工作任务及工作关系边界的主动行为。"

二、工作重塑与积极情绪、工作意义和创造性绩效

创造性绩效（Creative Performance）是指在员工个体水平上产生的新颖的、

切实可行的，对组织而言又具有价值的产品、过程、方法与思想（Amabile 等，2005）。内在动机是由活动过程本身特性或个体内发性精神需要所引发的一种活动或工作动力（王先辉等，2010）。已有研究表明，内在动机是员工创造性产生的源泉，是介于刺激因素和创造性之间的桥梁（王先辉等，2010）。

Deci 和 Ryan 提出的自我决定理论（Self-Determination Theory，SDT）认为，社会环境通过使个体在自主、胜任、关系这三种心理需求上得到满足来增强人们的内部动机、促进外在动机的内化，进而促进个体的工作行为、绩效表现和心理健康（Ilardi 等，1993）。自主需要是指体验选择并感到自己的行为像首创者；胜任需要是指在富有挑战性的任务上取得成功并能得到期望的结果；关系需要是指建立一种与别人相互尊重和依赖的感觉。类似地，Wrzesniewski 和 Dutton（2001）在提出工作重塑理论时指出，员工重塑工作的动机也是源于三种需要：①对工作控制的需要；②对积极自我印象的需要；③与他人建立人际纽带的需要。这三种动机与 SDT 中的三种需要几乎是同出一辙。具体来讲，与任务有关的工作重塑要求个人对工作具有掌控意识，同时它也提升了员工对能够掌控自己工作的感知，这种体验满足了个人的自主需要。与关系有关的工作重塑会影响员工与他人的交往水平以及建立积极、持续关系的能力，这又满足了个人的关系需要。无论是与任务有关还是与关系有关的工作重塑，员工期望通过这些重塑行为有助于建立起积极的自我印象，提升他们对工作之于团队、组织以及人生价值的感知，为此，员工工作重塑也必须能够帮助个人提升胜任力。个人通过自发地改进工作效率、质量，寻求挑战性的工作任务，向公司或团队以外的人员学习和交流，寻求指导和反馈等工作重塑行为有助于胜任力的培养和提升，因此能够满足个人的胜任需要。基于以上分析，工作重塑能够通过满足强化内在动机和促进外在动机内化的三种需要，因此本章预期，员工的工作重塑会因为能够带来更多内在动机而促进创造性绩效的发生。

虽然在工作重塑的相关文献中几乎没有发现单独考察工作重塑和创造性绩效关系的研究，但是，现有的一些实证研究仍然对我们分析工作重塑对创造性绩效的影响提供了佐证。基于 JD-R 模型，一些研究者用实证数据证实，积极寻求结构性工作资源和社会性资源、寻求挑战的工作重塑行为与工作投入关系紧密（Bakker 等，2012；Petrou 等，2012），表现出高工作重塑的员工往往是能全身心投入工作的人，而高工作投入正体现着高水平的内在动机。不少研究已证实高投入能够预测高的创造力，例如，Gevers 和 Demerouti（2013）通过一周的日志研究发现，完全专注于工作的员工更具有创造力。也有研究指出，那些使员工能够完全沉浸在工作中的机会有利于员工创造性绩效的发挥（Mainemelis，2001；Rothbard，2001）。综上所述，本章预期工作重塑能够积极预测员工的创造性绩效。由此提出：

假设5-1：工作重塑对创造性绩效具有正向影响

积极情绪（Positive Emotion）即正性情绪，是指个体由于体内外刺激、事件满足个体需要而产生的伴有愉悦感受的情绪（郭小艳、王振宏，2007），它反映了个人的情感幸福（Affective Well-Being）程度（Heuvel 等，2015）。个人和工作方面的因素能够提升员工在工作场所中的积极情绪（Xanthopoulou 等，2010）。例如，员工的存在价值感、有意义的任务、自主性、有益的人际关系、一定程度上的工作挑战性和工作目标性能够帮助个人建立和提升积极情绪（Frey & Stutzer，2002）。本书预期，工作重塑能够正向预测积极情绪。具体来说，首先，研究表明，个体对追求和实现目标的过程能增强个人的积极情绪，而工作重塑正是一种目标导向行为；其次，进行工作重塑的员工会有一种对工作内部、外部因素的控制感，这种控制感或自主性能够使他们获得积极情绪（Ryan & Deci，2000）；最后，当员工致力于工作重塑时，个人能学习到很多新东西，个人的多种资源，如技能、能力、个人的社会关系、工作方式和效果能够得到提升，也就是说个人能够从工作重塑行为中获益，因此个人自然会经历一种快乐和满意的感受，产生积极情绪。由此提出：

假设5-2a：工作重塑对积极情绪有正向影响作用。

工作重塑能促进员工的积极情绪，积极情绪又进一步促进创造性绩效。研究者认为创造性绩效产生的过程受到情感体验的塑造（Simonson，1992），拥有快乐、满足的心境的员工会做出更多创新行为。认知资源的观点能够解释为什么积极情绪促进员工创造性绩效。研究指出，认知变异是创造性发生的重要因素，创造性的发生源于认知性资源发生变化，那么任何能够促进这种变化的因素就可能促进创造性（Simonson，1992）。一些学者认为，积极情感会通过产生更多可用的认知资源、分散注意力、提升认知情境的复杂程度以及促进不同的认知因素相互联结等方式使激发创造性的认知性资源发生变化（Clore 等，1994）。另外，当员工体验到积极情绪时，他们更可能对自己在工作环境的适应性以及工作能力上有更高的评估和判断，这势必会增加员工的自我效能感，提升他们自己在工作认知任务（如信息处理和决策制定等）中的自信心。Zhou（1998）发现，工作中的自信心与员工创造性正相关。张剑等（2013）的实证研究结果也证实积极情感与创造性绩效正相关，而消极情感与创造性绩效不相关。这与 Davis（2009）的元分析研究结果是一致的。综上所述，本书预期，员工的工作重塑能通过提升员工的积极情感进而促进创造性绩效。由此提出：

假设5-2b：积极情感在工作重塑与创造性绩效之间起着中介作用。

Spreitzer（1995）把工作意义（Meaningful Work）定义为：个体对工作目标和工作价值的一种认知。有学者进一步指出，工作意义作为员工对工作价值程度的评价，不是评价工作对个人重要的任何方面，而是评价工作在效价上的意义性和积极性，这种积极的效价是以实现论（个人成长和目标取向）为中心，而不是以快乐论（快乐取向）为中心（Rosso等，2010）。

工作重塑实质是一种以员工认为的有意义的方式来主动进行工作设计的行为（Berg等，2010）。通过任务方面的重塑和关系方面的重塑，员工主动地增加和扩展能够提升自身能力、具有挑战性的、符合个人兴趣的任务边界，主动建立对个人和工作有利的社会关系，能够促进员工的个人成长，帮助他们实现工作和职业目标，因此能够提升员工的工作意义感。另外，工作重塑意味着员工能够自主决定分配给各项任务的时间、精力和热情，这种自主性也能够促进员工对工作意义的感知。由此提出：

假设5-3a：工作重塑对工作意义有正向影响。

工作重塑能提升个人的工作意义感，这种意义感使员工的内部动机得到强化。甚至有学者认为，工作意义感本身就是内在动机的一个重要方面，可从动机视角来解释其形成和作用过程。当员工认为工作有意义时，便会有强烈的内驱力去高投入，员工的能力和特长得以更好的发挥和提升、员工的工作热情和活力被激发，因而员工的创造性绩效会得到促进。综上所述，本书预期，员工的工作重塑能通过提升员工的工作意义进而促进创造性绩效。由此提出：

假设5-3b：工作意义在工作重塑与创造性绩效之间起着中介作用。

三、包容型领导的调节作用

工作重塑是员工站在个人利益的角度，对已有正式工作任务的重新调整和安排，或者用新的方式方法来实施。由于工作重塑是对原有工作系统的改变，势必在一定程度上受到来自原有工作惯性、团队任务特征、同事、合作者等方面的阻碍和制约，因为工作重塑行为既不属于正式工作说明书中的一部分，也不必然与管理者和组织的期望一致。并且，个人在不断摸索行而有效的重塑方式、方法及探寻适当的重塑内容时，也会遇到不同程度的困难。因此，工作重塑的过程也是个人的能量资源不断消耗的过程，工作重塑能否从外界环境中获取能量资源是工作重塑行为是否能真正带来积极的个人结果和组织结果的重要条件。已有大量研究表明，领导风格是对员工工作行为具有较大影响力的组织情景变量。近几年逐渐被组织研究领域广泛关注的包容型领导风格是工作重塑能够产生积极效果的重要领导情景变量。包容型领导（Inclusive Leadership）最早被定义为领导者欣赏下属以及认可下属贡献的领导行为（Nembhard & Edmondson，2006）。Hollander（2009）强调包容型领导是一种领导者与下属之间基于尊重、认可、回应和责任的双向关系。在此基础上，Carmeli 等（2010）将包容型领导看作关系型领导的一种形式，是一种领导与员工相互依存的领导风格，具体表现为领导者与下属在互动中表现出的易接近（Accessibility）、开放性（Openness）和有效性（Availability）。

根据情境力量理论（Situational Strength Theory），个体所在组织的情境力量（如领导者风格）对个体特定的行为/ 行为绩效/ 行为意图的适宜性提供了重要的外部提示（Cues），他们营造的强情境（或弱情境）将对个体的兴趣、价值观、认知和情感等心理因素向特定的行为、行为绩效、行为意向的转化过程产生显著的阻碍（或促进）作用（Meyer 等，2010）。本章认为，包容型领导更可能让员工在工作重塑中感受到积极情绪和工作意义，进而促进创造性绩效的产生。包容型领导的易接近性和有效性使员工能随时就工作重塑的问题与上级进行讨论，使员工愿意积极表达自己对工作任务以及为什么和怎样进行工作重塑的想法，同时也更容易从领导那里获得诸如"怎样进行工作重塑？""如何协调组织任务目标和个人目标？"等问题的咨询建议、工作资源和条件。包容型领导的开放性代表着领导者能以开放的心态认可个体差异，使下属的求异需要得到满足；另外，包容型领导不仅鼓励员工提出新的想法，而且让员工冒险去实践一些违背常规的新方法，即使失败了也不会受到任何惩罚。因此，包容型领导无疑给重塑工作的员工补充了强大的心理上和环境上的能量资源，使他们在工作重塑中更具有效能感、心理安全感和活力，从而使员工在工作重塑中更可能体验到积极情绪以及工作意义感，并进而带来更高的创造性绩效。由此提出：

假设5-4：包容型领导正向调节了积极情绪在工作重塑和创造性绩效之间的中介作用。

假设5-5：包容型领导正向调节了工作意义在工作重塑和创造性绩效之间的中介作用。

本章的研究模型如图5-1 所示。

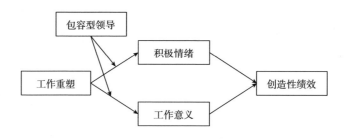

图 5-1 本章的理论模型

第三节　研究方法

一、研究样本

本章对位于北京的北京华为研究所、北京航空材料研究院、北汽集团有限责任公司等 7 家公司的 250 名员工进行了数据收集，调查对象的工作类型涉及技术开发、生产、市场、行政人事等多个职能领域。为避免同源偏差，本书在两个时间点收集数据，间隔为 30 天，在第一个时间点测量的变量为工作重塑以及直接领导的包容性领导风格，填答方式是员工评价；在第二个时间点测量的变量包括员工的积极情绪、工作意义和创造性绩效，其中积极情绪和工作意义由员工自评，创造性绩效则是由员工的直接上级进行评价。

调查样本的特征为：女性所占比例为 26.7%，男性为 73.3%；高中及以下所占比例为 3.2%，大专占 23.8%，本科占 60.3%，研究生及以上占 12.7%；平均年龄为 37.35 岁（SD＝6.987）；平均组织任期为 12.135 年（SD＝8.3536）。

二、测量工具

（1）工作重塑。采用 Laurence（2010）编制的扩展性工作重塑量表对团队领导和员工的工作重塑行为进行测量（上级和下级各自自评）。该问卷包含两个分量表：一是任务/物理性的工作重塑（Physical Job Crafting），二是关系的工作重塑（Relational Job Crafting），共有 11 项条目。该采用 Likert 5 的计分方式（0＝"从来没有"，1＝"偶尔有"，2＝"有时有"，3＝"比较频繁"，4＝"总是有"），α 系数为 0.913。

（2）积极情绪。采用 PANAS 情绪量表（Watson 等，1988）。PANAS 问卷包括

积极情绪和消极情绪两个分量表，各有十项条目。本书选择了十项条目的积极情绪的测量条目，这些项目是由反映个人情绪的形容词组成，典型的条目如"兴奋""充满热情""有决心的""有雄心壮志的""富于灵感"。问卷采用 Likert 5 的计分方式，要求被试个体根据过去一个月在工作中的情感感受对这十项条目进行打分，从 1（没有感觉）到 5（感觉非常强烈）进行选择。积极情绪量表 α 系数为 0.919。

（3）工作意义。采用 Steger 等（2012）编制的积极工作意义维度分量表，共 4 项条目，典型的条目如"我清楚地知道是什么使我的工作有意义"。Steger 等（2012）编制的工作意义问卷共有三个维度：积极工作意义（Positive Meaning in Work）、工作提升整体意义（Meaning Making Through Work）、更多益人性动机（Greater Good Motivations）。积极工作意义是对心理意义感的最直接和明确反映，它捕获了工作意义最本质的含义。研究表明，积极工作意义比后两个维度与个人职业、工作相关结果变量（如工作满意度、职业承诺）的关系最紧密（Steger 等，2012），我国有学者对工作意义的测量直接使用了积极工作意义分量表（王震等，2015）。同样地，本章也使用积极工作意义作为对工作意义的测量问卷。工作意义的测量采用 Likert 5 的计分方式（1＝完全不符合，5＝完全符合），α 系数为 0.896。

（4）创造性绩效。采用 Janssen 和 Van Yperen（2004）开发的量表，一共 9 项条目，计分方式为 Likert 7（1＝"从来没有"，7＝"总是"）。该量表由员工的直接上司填写，用以评价其下属的创造性绩效。典型的条目如"他/她在工作中，能够提出实现目标的新方法""在工作中他/她会有新的、改革性的想法"。创造性绩效的 α 系数为 0.908。

（5）包容型领导。采用 Carmeli 等（2010）开发的量表，采用 Likert 6 的计分方式。包容型领导 α 系数为 0.912。典型的条目包括"我的领导对听取一些新的思路是开放的""我的领导乐于聆听我的请求"。

（6）控制变量。在本章中，员工的性别（1＝男、2＝女）、受教育程度（1＝高中以下、2＝高中或中专、3＝大专、4＝本科、5＝硕士及以上）以及工作年限将作为控制变量出现。

第四节　研究结果与发现

一、构念间的独立性检验

采用 Mplus 7.0 软件进行一系列验证性因素分析检验（估计方法为稳健最大

释然法，MLR）来考察工作重塑、积极情感、工作意义和创造性绩效这四个概念之间的独立性。具体检验结果如表5-1所示。

表5-1　工作重塑、积极情感、工作意义和创造性绩效之间概念独立性检验

模型	χ^2	df	TLI	CFI	RMSEA	SRMR
四因素模型[a]	574.463	203	0.890	0.901	0.074	0.055
三因素模型[b]	861.822	206	0.784	0.808	0.114	0.077
三因素模型[c]	971.249	206	0.748	0.776	0.124	0.108
二因素模型[d]	1241.702	208	0.663	0.697	0.145	0.097
单因素模型[e]	1719.540	209	0.510	0.557	0.177	0.118

注：a＝工作重塑、积极情感、工作意义和创造性绩效；b＝工作重塑、积极情感＋工作意义、创造性绩效；c＝工作重塑＋工作意义、积极情感、创造性绩效；d＝工作重塑＋创造性绩效、积极情感＋工作意义；e＝工作重塑＋积极情感＋工作意义＋创造性绩效。

由表5-1可知，一系列验证性因素分析表明，理论假设的四因素模型拟合实际数据最佳（$\chi^2_{(203)}$ = 574.463，TLI = 0.890，CFI = 0.901，RMSEA = 0.074，SRMR = 0.055），说明工作重塑、积极情感、工作意义和创造性绩效代表了四个不同构念。

二、共同方法偏差检验

遵循Podsakoff等（2003）的建议，我们采用潜在方法因子效应控制法对同源方法偏差进行检验。结果显示，在四因素模型基础上增加一个方法因子后，五因素模型拟合指数为：χ^2（182）= 467.132，TLI = 0.894，CFI = 0.916，RMSEA = 0.072，SRMR = 0.048。通过五因素模型与四因素模型的比较，虽然五因素模型在TLI、CFI、RMSEA、SRMR这四个拟合指标上有一定程度的提升，特别是CFI提升了0.015，但是五因素模型的拟合程度并未显著优于四因素模型（$\Delta\chi^2$ = 107.331，Δdf = 21，p>0.05）。因此，可以判断在增加一个方法因子之后，模型并没有得到显著改善，说明本研究中的共同方法偏差并不严重。

三、描述性统计分析

控制变量及主要变量的数据特征分析，包括均值，标准差、主要变量的相关系数，如表5-2所示。

表5-2 变量均值、标准差、相关系数矩阵

变量	Mean	SD	1	2	3	4	5	6	7	8
性别	29.950	0.482								
年龄	1.361	0.484	0.182*							
学历	3.702	0.782	-0.031	0.142*						
任期	5.840	7.261	0.862**	0.143*	-0.131					
工作重塑	2.342	0.690	-0.0531	-0.028	0.092	-0.051				
积极情绪	4.797	0.885	-0.029	-0.213**	0.044	-0.186**	0.551**			
工作意义	3.463	0.847	0.057	-0.153*	-0.150*	0.118	0.373**	0.539**		
包容型领导	4.891	0.861	-0.015	-0.279**	0.148*	-0.280**	0.385**	0.392**	0.471**	
创造性绩效	4.522	0.733	-0.061	-0.064	-0.082	0.096	0.598***	0.493**	0.508**	0.397**

注：$N=250$，* 表示 $p<0.05$，** 表示 $p<0.01$。

四、双重中介作用检验

首先用层级回归分析检验工作重塑对积极情绪、工作意义和创造性绩效的正向影响关系，其次运用结构方程模型验证积极情感和工作意义在工作重塑与创造性绩效之间的双重中介作用。采用SPSS 22.0软件得出的回归模型，如表5-3所示。

表 5-3　工作重塑对积极情绪、工作意义、创造性绩效的影响

变量	积极情绪		工作意义		创造性绩效		
	M3	M4	M5	M6	M1	M2	M7
（1）控制变量							
性别	0.042	0.056	0.093	0.097	−0.036	−0.073	−0.623
年龄	−0.098	−0.027	−0.102	−0.009	0.086	0.124	0.148
工作任期	−0.072	−0.033	−0.035	−0.028	−0.097	−0.067	−0.072
学历	−0.017	0.029	0.062	−0016	0.059	0.051	0.060
（2）自变量							
工作重塑	0.544***	0.454***	0.373***	0.214**	0.560***	0.491***	0.380***
（3）中介变量							
积极情绪							0.134*
工作意义							0.218***
（4）调节变量							
包容型领导		0.312***		0.458***		0.282***	0.143*
（5）交互项							
工作重塑×包容型领导		0.292***		0.208**		0.181*	0.069
R^2	0.337***	0.410***	0.155***	0.283	0.342***	0.394***	0.445***
ΔR^2		0.077***		0.128***		0.057***	0.055***

注：①$N=250$，M 为模型，＊表示 $p<0.05$，＊＊表示 $p<0.01$，＊＊＊表示 $p<0.001$；②回归系数为标准化回归系数。

从表5-3的模型1分析结果可知，在控制员工年龄、学历等人口统计学变量之后，员工工作重塑对创造性绩效有显著的正向影响（$\beta=0.560$，$p<0.001$），方差解释率提升了31.8%，因此假设5-1得到验证。根据模型3，在控制员工年龄、学历等人口统计学变量之后，员工工作重塑对积极情绪有显著的正向影响（$\beta=0.544$，$p<0.001$），方差解释率提升了31.2%，因此假设5-2a得到验证。模

型 5 得出，在控制人口统计学变量后，工作重塑对工作意义有显著的正向影响（$\beta = 0.373$，$p < 0.001$），方差解释率提升了 13.7%，因此，假设 5-3a 得到验证。

根据模型 7，当员工工作重塑、工作意义、积极情绪同时放入对创造性绩效的回归方程中时，员工工作重塑对创造性绩效的直接效应变小，但是仍然显著（$\beta = 0.380$，$p < 0.001$）。为更准确检验工作意义和积极情绪在工作重塑和员工创造性绩效之间的并列双重中介作用，本章运用结构方程模型构建了一个双重的不完全中介模型。模型的拟合度可以接受（$\chi^2 (204) = 588.13$，$TLI = 0.892$，$CFI = 0.890$，$RMSEA = 0.092$，$SRMR = 0.075$）（见图 5-2）。

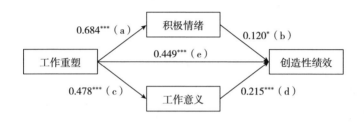

图 5-2　不完全双中介模型路线

注：①$N = 250$，＊表示 $p < 0.05$，＊＊＊表示 $p < 0.001$；②路径系数为标准化回归系数。

如图 5-2 所示，本章假设工作重塑对创造性绩效的影响由两条间接路径实现：①工作重塑→积极情感→创造性绩效；②工作重塑→工作意义→创造性绩效。这两条间接路径所包含的 4 条直接路径的系数均显著：工作重塑→积极情绪（$\beta = 0.684$，$p < 0.001$）、积极情绪→创造性绩效（$\beta = 0.120$，$p < 0.05$）、工作重塑→工作意义（$\beta = 0.478$，$p < 0.001$）、工作意义→创造性绩效（$\beta = 0.215$，$p < 0.001$）。为保证分析结果的一致性和稳定性，本章采用偏差矫正的 Bootstrap 方法，抽取 2000 次 Bootstrap 样本验证积极情绪、工作意义在工作重塑与创造性绩效之间并行的双重中介作用，分析结果如表 5-4 所示：积极情绪在工作重塑与创造性绩效之间的中介效应为 0.082；工作意义在工作重塑与创造性绩效之间的中介效应为 0.103；两条间接路径的中介效应在 95% 的置信区间中均不包含 0。研究得出：积极情绪、工作意义在工作重塑与创造性绩效之间的中介作用均成立。因此，假设 5-2b 和假设 5-3b 均成立。

另外，由于工作重塑对创造性绩效的直接作用显著（$\beta = 0.449$，$p < 0.001$），工作重塑对创造性绩效的影响只是部分通过两个中介变量实现；中介效应占总体效应的 33%。

表5-4 工作重塑与创造性绩效之间的双重中介效应分析结果

	点估计		95%的置信区间	
			下限	上限
积极情绪的中介效应	a×b	0.082	0.007	0.183
工作意义的中介效应	c×d	0.103	0.046	0.186
总体中介效应	a×b+c×d	0.185	0.110	0.255

注：效应值为标准化系数。

五、被调节的中介作用检验

从表5-3的模型2可以看出，包容型领导在工作重塑对创造性绩效的总体效应中具有正向调节作用（$\beta=0.181$，$p<0.05$）。本章将继续分别检验包容型领导对积极情绪和工作意义这两个变量各自所发挥的中介效应的调节作用。

（一）以积极情绪为中介的统计分析结果

通过表5-3的模型4可以发现，包容型领导正向调节了工作重塑对积极情绪的正向影响（$\beta=0.292$，$p<0.001$），包容型领导在工作重塑对创造性绩效影响的第一阶段具有调节作用，调节效应如图5-3所示。本章继续对包容型领导的调节中介效应进行了检验，应用 Mplus 7.0 软件分别计算出包容型领导在正负一个标准差情况下的直接效应、间接效应和总体效应值，并运用模型约束命令（Model Constraint）对效应值进行显著性检验。具体检验结果如表5-5和图5-4所示。结果显示，在正负一个标准差的授权型领导水平下，积极情绪的中介效应差异显著，采用20000次蒙特卡洛（Monte Carlo）参数自助抽样进一步检验包容型领导对积极情绪中介效应的调节作用。结果显示，两者间接效应差异在95%置信区间为 [0.001，0.1072]，差异区间没有包含0。因此，包容型领导正向调节了积极情绪在工作重塑和创造性绩效之间的中介作用，假设5-4得到验证。

表5-5 调节中介效应的简单效应分析（M＝积极情绪）

调节变量 包容型领导	阶段		效应		
	第一	第二	直接	间接	总体
低	0.299***	0.157*	0.344***	0.047*	0.391***
高	0.808***	0.157*	0.549***	0.127*	0.676***
差异	0.510***	0.000	0.205***	0.080*	0.285***

注：①包容型领导上下一个标准差分别为-0.861和0.861；②＊表示 $p<0.05$，＊＊＊表示 $p<0.001$。

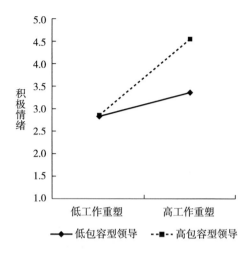

图 5-3　第一阶段的调节效应

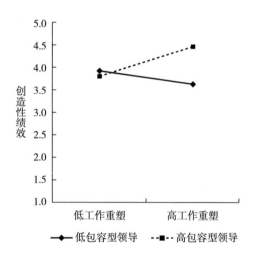

图 5-4　包容型领导对间接效应的调节作用（M＝积极情绪）

（二）以工作意义为中介的统计分析结果

通过表 5-3 的模型 6 发现，包容型领导正向调节了工作重塑对工作意义的正向影响（$\beta=0.208$，$p<0.01$），包容型领导在工作重塑对创造性绩效影响的第一阶段具有调节作用，调节效应如图 5-5 所示。同样地，进一步检验了包容型领导对工作意义中介效应的调节作用，计算出包容型领导在正负一个标准差情况下的直接效应、间接效应和总体效应值，并对效应值进行显著性检验。具体检验结果如表 5-6、图 5-6 所示。结果显示，在正负一个标准差的授权型领导水平下，工

作意义的中介效应差异显著，采用 20000 次蒙特卡洛（Monte Carlo）参数自助抽样进一步检验包容型领导对工作意义中介效应的调节作用。结果显示，两者间接效应差异在 95% 置信区间为 ［0.002，0.0845］，差异区间没有包含 0。因此，包容型领导正向调节了工作意义在工作重塑和创造性绩效之间的中介作用，假设 5-5 得到验证。

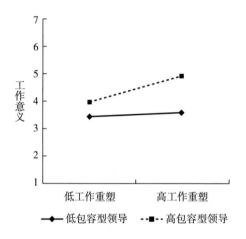

图 5-5　第一阶段的调节效应

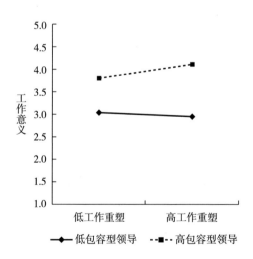

图 5-6　包容型领导对间接效应的调节作用（M＝工作意义）

表 5-6　调节中介效应的简单效应分析（M＝工作意义）

调节变量 包容型领导	阶段		效应		
	第一	第二	直接	间接	总体
低	0.112*	0.214***	0.386***	0.024*	0.410***
高	0.439***	0.214***	0.584***	0.094*	0.678***
差异	0.327***	0.000	0.198***	0.070*	0.268***

注：①包容型领导上下一个标准差分别为-0.861和0.861；②＊表示$p<0.05$，＊＊＊表示$p<0.001$。

第五节　研究结论与讨论

一、研究结论与理论启示

工作幸福感不仅是员工追求的重要目标，也是员工精神和心理健康的反映，无论对个人还是组织都极为重要。Tims 等（2012）研究发现工作重塑能够增进员工的工作幸福感，在该项研究中，工作幸福感表现为工作投入和工作满意度的提升和倦怠感的减少。基于主观幸福感和心理幸福感，分别选取积极情绪和工作意义这两个反映工作幸福感的变量来考察工作重塑为个人带来的福祉。本书发现，工作重塑对积极情绪和工作意义都具有强烈的正向影响。该结论表明，工作重塑作为一种个人自发的意图行为能够增加员工的主观幸福感和心理幸福感，这在一定程度上与以往关于主动性行为与幸福感之间积极关系的研究结论具有一致性（Schwarzer & Knoll，2003）。

员工的创造性绩效是组织创新的基础，而员工的内在动机、积极心理状态以及激励性的工作特征是创造性绩效的源泉。表现出高水平工作重塑行为的员工往往具有强烈的内在动机，通过改变工作任务和关系的重塑行为提升激励性工作特征、保持工作激情、强化内在动机和工作意义感，进而表现出较高创造性绩效。本书的研究结果发现，工作重塑对创造性绩效具有显著的直接正向影响；积极情绪和工作意义在工作重塑对创造性绩效之间能同时产生中介效应，它们发挥了双重中介作用，其中积极情绪的中介作用占总体中介作用的44%，工作意义的中介作用占总体中介作用的56%。该结论再次证实，虽然工作重塑是出于个人目的、由个人自发地重新设计工作的行为，但工作重塑的结果能够带来个人与组织的双赢，组织不仅能够直接受益于工作重塑，而且能够通过积极的个人结果获得积极的组织结果。

包容型领导作为一种以包容、开放、民主、人本的方式指导和影响下属的领导风格，在工作重塑对创造性绩效的影响过程中起着积极的影响作用。包容型领导不仅对工作重塑到创造性绩效的直接效应起着正向调节作用，同时包容型领导能够对工作重塑到创造性绩效的间接效应产生正向调节效应，这是由于包容型领导通过增进员工工作重塑所带来的积极情绪和工作意义水平，从而进一步促进了员工创造性绩效水平。主要体现在以下三个方面：

第一，丰富了工作重塑的后效变量。首先，先前工作重塑的效能研究主要集中在任务绩效，本书将其对组织的影响范围扩展到了创造性绩效，回应了 Demerouti 和 Bakker（2014）关于"把工作重塑与组织变革和创新相结合"来进行研究的呼吁；其次，本书不仅打开了工作重塑与创造性绩效之间关系的"黑箱"，而且进一步向人们展示了工作重塑能在提升个人情绪幸福和认知幸福的同时为组织带来利益，实现个人与组织的双赢。

第二，拓展了工作重塑的情景研究。相对于工作特征变量与个人特征变量，目前研究者较为忽略领导风格在工作重塑后效机制中所发挥的情景作用，而本书证实了包容型领导无论在工作重塑对个人结果还是在对组织结果的影响上都起着重要的调节作用。

第三，丰富了包容型领导与创造性绩效之间关系的研究。先前的研究只考察了包容型领导与创造性绩效之间的中介传导机制，本书还表明包容型领导是创造性绩效产生的一种重要的领导情景变量，这种新型的领导风格能够通过加强工作重塑对积极情绪和工作意义的影响而提升创造性绩效。

二、实践启示

实践启示主要体现在以下三个方面：

第一，工作重塑是培养员工良好情绪和提升工作意义感的关键途径，而工作让员工体验到的幸福感和意义感又有益于组织核心竞争力的构建。本章表明促进员工工作重塑行为的发生可以成为组织在提升员工工作幸福感上进行干预的方向。工作重塑是员工一种自发性行为，虽然组织管理者不能具体指导员工怎样重塑他们的工作，但是组织可以鼓励员工进行工作重塑，引导他们思考可能会应用到工作重塑中的一些机会、技术、方法等。

第二，工作重塑是促进员工创造性绩效的重要途径。当任务和角色处于不断变化的工作环境中，组织期望员工不仅能够适应这种变换，而且能够积极地创造变化，以促进整个组织的适应性、变革力和创新力。工作重塑正是这样一种员工应对不确定性和不断变化的工作环境的主动性行为（Grant & Parker，2009）。组织管理者应该认识到，之所以工作重塑能够使员工适应环境的变化，一方面是因为较高水平工作重塑水平的个人具有较高的内在动机和持续适应动态环境的能力，这种动机和能力的一个直接性体现就是在变化中创造变化，即表现出高的创造性绩效；另一方面还可能是因为工作重塑能够使员工情绪上感到更快乐以及对工作价值更加认可，进而产生创造性绩效。

第三，虽然工作重塑是个人自发的行为，但这种行为的发生和后效很大程度上受到领导风格的影响。当领导风格是更加包容、开放、有效时，下属的工作重塑不仅能够直接带来更高水平的创造性绩效，而且能够通过增加员工的积极情绪和工作意义感这些幸福感指标来进一步提升创造性绩效。因此，领导应该在日常管理实践中注重包容型领导风格的学习和养成，尊重、认可员工的个性化需求，对他们在工作中的重塑行为给予更多的包容、支持和帮助，使个人工作重塑的作用得到最大程度的发挥，实现个人与组织的双赢。

三、研究局限与未来展望

研究局限与未来展望主要体现在以下三个方面：

第一，对于反映员工情感幸福的变量只选取了积极情绪，工作重塑如何影响员工的消极情绪？在工作重塑的过程中，员工可能会遇到各方面的阻力和困难，是否工作重塑同时伴有消极情绪的存在？同样地，大多研究主要选取了一些积极的结果变量来考察工作重塑的效果，未来可以考虑选取更多对组织或个人的一些消极结果，在更多方面考察工作重塑的作用。

第二，员工工作重塑的效果是否因人而异？工作重塑是一种带有目标性的活动，工作重塑行为源于人们具有重塑工作的动机，但是这种行为是否能够真的达到期望的目标，可能受到其他调节变量如个人心理资本、适应力等心理状态和能力因素的制约，因此未来可以考虑把这一类变量作为调节变量，来考察工作重塑发生作用的边界条件。

第三，也是最为重要的一点，工作重塑可能在不同时间段的高低水平是不一样的，利用横向数据来检验工作重塑与其他相关变量的关系，不能揭示这些结果变量是如何随着工作重塑水平的变化而发生变化的，因此无法证实工作重塑与相关变量之间的因果关系，对管理实践的贡献有限。未来的研究应采用实验研究、纵向追踪的实证研究和个案研究等定量和定性相结合的方法来系统探索工作重塑行为对个人和组织的效果机制。

第六章　实证研究总结

第一节　实证研究主要结论与关键发现

本书的研究选题较具创新意义，以过往研究较少关注的作为创新主体之一的高校（青年）教师为研究对象，探究其职业生涯发展具有较高的实用价值。本书相继开发了无边界与新职业生涯条件下两类主体（组织与自我）的职业生涯管理更具本土化的量表，建立了职业生涯管理的综合模型，发现两类职业生涯管理的独立及联合效应能够对员工行为及职业成功产生积极影响，并且成就动机可以有效影响自我职业生涯管理，以及自我职业生涯管理具代表性的工作重塑对员工幸福感及创造性绩效具有显著性影响，揭示了职业生涯管理在绩效提升及职业成功路径中扮演重要角色。

一、中国高校组织职业生涯管理的内容结构

研究表明，中国高校的组织职业生涯管理的内容包括学校对教师专业上的支持，清晰、明确的职业发展通道，丰富多样的科研激励方式，公平、公正、公开的组织氛围以及良好、便捷的办公、科研硬件设施的提供等五个维度共 24 项条目。其中，调研访谈中印象比较深刻的有以下三点：

（1）高校教师普遍对学校提供的硬件设施如办公场所和办公条件意见较大，尽管北京的教育部部属高校的教师（如北京外国语大学）也对办公条件表现出不满，但相较而言，北京的市属高校教师（如首都经济贸易大学、首都师范大学、北方工业大学、北京物资学院等）对办公场所和办公条件的不满则更具普遍性，也更为激烈；经常会出现一个系别或一个教研组（10 人左右）被安排在一个办公室（12~14 平方米），而教师认为这极其不利于激发教师每天来学校上班的欲望，以集中精力进行科研和教学；此外，多人在一间办公室，加上不断出现

教师找学生谈话，这会对教师办公产生严重的干扰。最终导致教师不愿意待在办公室，不愿意来学校，但需要承认在学校和在家做科研，效率与氛围还是有较大差异的。

（2）普通高校教师也会对学校提供科研经费的数量、方式表现出不满，并认为存在各种限制措施，并且二级学院院长在分配经费、给予多少以及以何种方式发放等方面影响力过大，导致教师围绕院长转的情况发生，极易形成"圈内""圈外"文化，不利于高校学术和人际生态的发展；而地方普通高校教师则对职称的晋升和晋级意见很大，主要表现在晋升、晋级的制度和程序经常变动，可持续性和稳定性较差，尤其是会出现根据领导的个人意愿和好恶进行变动和调整的情况，例如，按照上年的标准，教师努力准备，也达到了相关晋升、晋级的标准和要求，但今年的职称评聘会临时增加某些项目，以及增加非科研与教学等客观可量化的指标，并且在学院、学校两级学术委员会答辩投票时，经常出现领导帮忙拉票和打招呼（明里暗里表现出钟情于某位或某几位候选人）的情况，有可能致使候选人中学术成就较差甚至是最差的候选人反而"脱颖而出"成功晋升、晋级，这将极大地挫伤广大教师的积极性和创造性，甚至导致教师队伍的不稳定。

（3）"非升即走"政策已经在北京的所有高校及地方的部属高校基本全面实施，我们承认这有利于打破高校"铁饭碗"，并解决高校过于"计划"和"慵懒"的问题，也有利于人才流动（尽管更多时候表现为"被动"的流动——被辞退）以及人才的体制机制改革；但也需要承认，这一举措存在着诸多不足并局部表现得较为突出，如导致年轻教师人心惶惶，为了能够在 3 年内达到考核要求，而过于追求"短平快"的论文发表方式，这种研究的短视和缺乏专注性，也必然使其缺乏长远的研究规划和深入探索，导致年轻教师像"走马灯"似的，既严重伤害了年轻教师的切身利益、学术信心，也给所在高校带来了严重的损失（成本、人才等方面）。因此，"非升即走"政策是否适合所有的高校，有无必要对高校进行分层（如部属与市属、市属中的高精尖和一般高校的层级划分，调研中发现很多北京市属高校高精尖特色专业并不比部属综合性大学的相应专业差，有些甚至要优于综合性大学）、分类（如理工科、文科及人文社会科学的划分）、分地区（如发达地区与欠发达地区高校的划分）等分类管理，值得我们进一步研究。此外，在调研中，高校人才的分层、分类管理和评价也是教师关注的重要事项，多样化的职业发展路径和通道有利于实现高校教师"人岗匹配""人尽其才"，并最终实现高校—教师互惠共赢。

二、中国高校教师自我职业生涯管理的内容结构

研究表明，我国高校教师自我职业生涯管理的结构由教书育人（重视教学是高校教师的天职）、科研创新（投入科研是高校教师的本分）、明确目标、协调沟通、认识自我、认识组织六个维度共 24 项条目构成。不同于我国高校组织职业生涯管理的结构中较少出现中国特色的维度或内容，我国高校教师自我职业生涯管理的内容结构则在西方自我职业生涯管理实践和行为的基础上，不时出现中国文化的印记。尽管我们没有在其内容维度上进行呈现，但在具体的问项或条目中则有不少呈现，如能否处理好与领导、同事及学生之间的关系，则体现出中国文化情境下"注重关系"的特征。

此外，调研中发现，北京及坐落于京外的部属高校的教师非常关注科研和学术，且大部分精力都投入在这个方面上，反而很少将精力投入教学中（在调研中，让教师以"大概"比例来形容投入科研和学术的时间和精力，他们普遍表示为 70%~80%），原因主要是我国高校非常看重科研和学术，高水平期刊文章和高质量省部级以上纵向课题是教师追逐的目标，也是高校追逐的目标，这直接决定了教师的晋升和晋级，也决定了大部分教师的薪酬待遇。

三、自我职业生涯管理对组织公民行为的影响机制

通过对我国 15 所高校 322 位一线授课教师的问卷调查，探究了教师进行的自我职业生涯管理对其组织公民行为的影响，并基于社会认同理论检验了组织信任在其中所起的中介作用。此外，本书还将组织公平氛围与威权领导纳入模型，检验了其对自我职业生涯管理效应的调节作用。研究结果表明，教师进行的自我职业生涯管理与其组织公民行为正向相关；组织信任在自我职业生涯管理与组织公民行为的关系中起部分中介作用；组织的公平、威权领导及其交互项调节了自我职业生涯管理对组织信任之间的影响；进一步地，威权领导调节了组织信任对自我职业生涯管理与组织公民行为关系的完全中介作用，组织公平氛围与威权领导的交互项调节了组织信任对自我职业生涯管理与组织公民行为关系的部分中介作用。启示我们，高校管理者在组织管理过程中应更多地关注教师自我职业成长对组织信任的积极作用，也体现高校教师自我职业生涯管理的有效性与组织情境及领导管理风格密不可分。

此外，我们发现教师自我职业生涯管理与组织公平氛围及威权领导的三项交互对组织信任及组织公民行为有显著影响，并且高组织公平氛围与高威权领导模

式下效应最大。因此，要提高当前教师对组织的信任及其组织公民行为，学校管理者可以展示出威权领导坚决维护学校公平与公正的一面，让教师感受到学校及领导对公平的重视，提升教师对学校持续性维护公平的信心。但也应该注意，该管理方法并非长久之计，管理者还是应该在实施这种管理的同时，逐步弱化自己的威权领导方式，随着法治逐渐深入人心，渐渐将管理模式转换到高组织公平氛围与低威权领导水平模式下。

四、成就动机对职业生涯管理与职业成功的影响机制

本节探讨成就动机对职业成功的影响，以及职业生涯管理（自我职业生涯管理与组织职业生涯管理）在其中的重要作用。基于 221 份数据进行实证研究，结果显示，成就动机对职业满意度与职业晋升有积极影响；成就动机对自我职业生涯管理有正向预测作用，组织职业生涯管理调节了这一作用；进一步地，自我职业生涯管理在成就动机与职业满意度和职业晋升的正向关系中起完全中介作用；此外，组织职业生涯管理调节了自我职业生涯管理在成就动机与职业满意度之间的中介作用。

令人意外的发现是，成就动机对薪水的正向预测作用不显著。可能的原因有四个：一是由于无边界职业生涯时代，组织扁平化的发展，研究者不能仅靠晋升与薪水来评价客观职业成功，也要重视员工个人市场竞争力的作用。人们不再简单地将工作视为谋生手段，而是更加重视职业的动态性和发展性。二是研究对象中本科及以上学历占 87.3%，研究者发现，受过高等教育的员工更容易进入无边界职业生涯时代，他们更倾向于采用无边界职业生涯的态度——心理上的流动（Segers 等，2008），即更重视心理满足，通过强大的专业能力实现个人的职业成长与自由。三是结合目前市场上的实际情况，大部分的"涨薪"要靠跳槽，而本书的研究对象多为面向组织内部的职业生涯管理。四是在中国情境下，职业成功代表物质成功、实现工作—家庭的和谐和个人自由发展，因此职业成功量表的"中国化""时代化"问题也可能对实验结果造成了一定的影响，在中国情境下，有许多人更看重职位的晋升与社会地位的提升。例如，对中国管理者而言，职业类型与管理层级对其职业成功的影响不同于一般的员工。

有趣的发现：组织职业生涯管理对自我职业生涯管理关于成就动机与晋升的中介效应的调节作用并不显著，这说明组织职业生涯管理在自我职业生涯管理和职业成功的作用机制还需要进一步探索。此外，传统职业生涯是线性的等级结构，而无边界职业生涯是螺旋式上升，重视员工个人持续、动态的学习，以获取

更多的知识、技能以及心理的满足，而不是追求简单的职位上升与薪水的涨幅（Briscoe 等，2006）。因此，整体而言，成就动机对职业满意度的中介作用模型与被调节的中介模型的拟合性明显优于薪水、晋升两个方面，这也与上述相关文献分析的新职业模式下人们更重视心理的满足的观点相同。因此，在新职业模式下的客观职业成功的测量标准以及如何取得客观职业成功值得进一步探索。

五、工作重塑对创造性绩效的影响机制

采用多元评价方法和通过对两个时点获得的 250 份有效数据进行分析，以探索工作重塑对员工创造性绩效影响的中介效应和边界条件。研究结果发现三个因素：一是员工工作重塑对积极情绪、工作意义和创造性绩效均有正向影响；二是积极情绪和工作意义在员工工作重塑与创造性绩效之间起着并列的双重中介作用，它们共同部分地中介了员工工作重塑对创造性绩效的正向关系；三是包容型领导发挥了正向的调节中介作用，即包容型领导水平越高，积极情绪和工作意义在员工工作重塑与创造性绩效之间的中介作用越大，反之越弱。主要体现在以下三个方面：

第一，这表明了促进员工工作重塑行为的发生可以成为组织在提升员工工作幸福感上进行干预的方向。虽然组织管理者不能具体指导员工怎样重塑他们的工作，因为这似乎背离了工作重塑是员工一种自发性行为的定义，但是组织可以鼓励员工进行工作重塑，引导他们思考可能会应用到工作重塑中的一些机会、技术、方法等。

第二，组织管理者也应该认识到，工作重塑能使员工适应环境的变化，可能是因为表现出较高水平工作重塑的员工具有较高的内在动机，同时他们的工作重塑行为也会提升员工持续适应动态环境的能力，这种动机和能力的一个直接性体现就是在变化中创造变化，即表现出高的创造性绩效。此外，工作重塑能够带来创造性绩效，还可能是因为工作重塑能够使员工产生良好的情绪和加强工作意义感，这种情绪上感到更快乐以及对工作价值更加认可的人能够产生更高的创造性绩效。总的来讲，工作重塑为个人创造福祉，而且确实能够提升工作中的创造性绩效，也为进一步提升组织变革和创新带来了契机。

第三，领导应该在日常管理实践中注重有关领导风格的学习和养成，尊重、认可员工的个性化需求，对他们在工作中的重塑行为给予更多的包容、支持和帮助，使个人工作重塑的作用得到最大程度的发挥，实现个人与组织的双赢。

第二节 实证研究不足及未来展望

尽管本书在职业管理理论与实践方面做出了一定的贡献，有了新的研究发现和启示，但本书仍存在一些不足和局限性。主要体现在以下七个方面：

第一，本书的样本量相对不足。首先，尽管我们努力地去联系每一位老师参与调查研究，但受调研时间、调研空间及部分教师配合意愿等限制，尤其是分别调研两类主体（组织与自我）的职业生涯管理量表，分别只获得了267份高校人力资源（人事）管理及科研处工作人员的有效问卷和338份一线教师的有效问卷，尽管两个量表的信效度（内部一致性、内容效度、区分效度、建构效度、预测效度等）都达到了量表的开发要求，但这对测量工具的设计和开发仍不足够。其次，在实证研究中，我们重新进行了调研，最终也只获得了222份有效样本，且样本仅来自15所高校，样本的覆盖面较窄。这些局限性也可能是导致假设3～假设6不成立的原因之一。最后，虽然其余的假设均在一定程度上得到数据的支持，但由于样本量数量及覆盖面的问题，研究结论的普适性还需进一步确认。因此，未来的研究还需进一步扩大有效样本数量，并在更多的高校展开调研。

第二，由于聚焦高校青年教师的职业生涯管理研究，主要选取了高校的青年教师作为研究对象，尽管在调研过程中我们也收集了一些其他年龄段的教师问卷，但在整体上仍没有满足获取研究对象的普适性原则，其相关结论是否可以推广到所有教师群体，并对其他年龄段教师的职业生涯管理提供指导和参考，是值得商榷的。因此，本书未来的研究应该针对高校全年龄段的教师进行追踪研究，以界定不同年龄段的高校教师（如青年教师、中年教师及年长教师）组织及自我职业生涯管理的可能异同点，以有利于高校与教师个体能够更加精确地进行职业生涯管理。

第三，尽管我们在组织公民行为形成机制研究、职业成功形成机制研究以及工作重塑的影响研究中均采用了两时间点或三时间点形式（追踪及纵贯研究）收取数据，以追求探索相关主要研究变量的因果关系，例如，自我职业生涯管理—组织信任—组织公民行为、成就动机—自我职业生涯管理—职业成功（职业幸福感、薪水及晋升）、工作重塑—工作意义与积极情绪—创造性绩效，并发现了上述作用过程的因果关系是成立的，但并没有在每个时间点对每个主要研究变量进行数据收集，以验证本项目涉及主要研究变量的反向因果关系是否也同样成立。

但我们用的其他的数据类型均为横截面数据，是在同一时间点收集的。教师进行自我职业生涯管理，并通过组织信任来提升自己的组织公民行为本身就是一个动态性过程，非即时可以完成。虽然实证结果大部分证实了理论假设，但却不能揭示模型真正的因果关系。因此，未来还需要进行跨时间段的纵向研究设计，以便更清晰地揭示变量间的因果关系。

第四，高校教师除了进行自我职业生涯管理，同样还需要来自组织的支持，即组织职业生涯管理，尽管我们在量表开发时，分别从组织（人力资源从业人员）和员工（教师）两个方面进行了多源数据调研，但在后续的实证研究中，并没有采用同样的多源数据调研方式，数据均来自教师自评，从而可能会存在同源偏差问题。因此，未来研究可采用多源多层的数据收集方式。

第五，原始理论模型中有关中介视角的检验主要基于两个核心变量——生涯适应力和职业胜任力，但研究中梳理文献发现，国内外学者相继就这两个变量进行了职业生涯管理的相关研究，这成为后续研究设计和问卷调查中舍弃生涯适应力和职业胜任力两个变量的原因。因此，未来研究应该迅速将新的研究想法和观点转化为行动，尽快形成研究成果。

第六，尽管为了使高校及教师来源更加广泛，并更具代表性，将研究对象所在区域从北京扩展到全国，但也面临一个需要关注的问题，即北京高校教师的独有特征及特色可能不能被很好地揭示。因此，未来研究可以对多地区、多层次、多种类高校教师之间存在的可能性差异及成因进行考察分析。

第七，尽管我们认为作为高校青年教师如果想获取顺遂的职称晋升之路，科学合理的组织职业生涯管理、自我职业生涯管理以及两者的系统性与有效性结合是一种有效途径，这样有利于显著地提升青年教师的组织公民行为、创造性行为与绩效、职业成长、职业幸福感及职业成功等积极职业成果。但较为遗憾的是，本书并没有投入精力和笔墨着手处理我们已经认识到的高校中青年教师长期所处的"996"工作状态。这一长期性的工作状态将极易导致青年教师产生角色模糊、冲突及过载等心理损耗，并最终形成职业倦怠等消极影响。因此，未来研究有必要基于职业生涯管理理论，探究兼顾获取积极职业成果和规避消极职业影响的因素及形成机制，尤其是关注消极职业影响的成因。

第七章　青年博士要做到知己知彼

我国高校的教师一般有三种类型的岗位：教学科研岗（具体包括教学型、科研型、教学科研型）、工程实验员和行政管理岗①。本章聚焦于承担教学科研任务的高校教师。有别于在各级各类研究院所中开展研究的科研工作者，高校教师一般需要承担科研和教学两个方面的任务，在职业发展过程中，还可能兼任系主任（院长助理）、副院长、院长、职能部门处长等行政工作。当然，其他兼职工作也包括基金委工作人员、协会秘书长及以上、编辑部责任编辑及以上、企业独立董事、政府工作人员等。要想对青年博士的职业生涯予以指导，首先应厘清高校教师的日常工作情况。

第一节　高校教师的日常工作状况

一、高校教师的主要工作职责

尽管我国高校教师的工作有着庞杂且事无巨细的特征，但总体而言，高校教师的工作职责较为明确与规范，一般划分为以下五个部分：

（1）教学。人才培养是高校教师第一任务②。推进"四个回归"（回归常识、回归本分、回归初心、回归梦想），把人才培养的质量和效果作为检验一切工作的根本标准。作为一名教师，教学是最主要的工作之一。不同学校的课时要求不同，一般每周两次或三次课（每次课两个或三个小时，青年教师往往要高于这个

---

① 国外大学的工作员工基本分为两类：教职员工（Faculty）和行政员工（Staff），其中教职工包括两类：有终身制教授（Tenure-track Faculty Members）和无终身制教工（Non-tenure-track Faculty Members）。

② 教育部原部长陈宝生在 2018 年 6 月 21 日召开的"新时代全国高等学校本科教育工作会议"上强调：高校要回归大学的本质职能，人才培养是本科教育的第一要务，高教大计，本科为本，本科不牢，地动山摇。

课时①）。在每次上课之前需要备课，会花费一些时间和精力，特别是对于新开的课程。但是随着教学经验的积累以及课程内容的完善，备课的时间会相应减少。

（2）科研。视学校不同，科研在工作中占比也差距很大。一般而言，一流大学的教师会把大部分精力用在科研上，非重点院校老师的科研任务少、标准低，甚至很多完全没有科研任务。高校教师的职称晋升更多依赖其科研成果的数量和水平，未来将更看重科研成果的水平（如以代表作形式呈现），不同高校有不同的规定。一般而言，越好的学校对老师的科研成果要求越高。

（3）行政。有些高校教师还承担一部分行政工作，主要与各级行政部门有工作上的来往，某些突然的安排可能会导致高校教师的时间安排变得有些不自主。同时，会议、出差的时间也会变多。这将或多或少地影响教师的授课和科研，尤其是对科研的影响比较突出，因为科研是需要大量的长段时间来保障的。

（4）学生指导。学生指导既包括对本科生的职业生涯指导、毕业设计指导及就业指导，也包括将更多的时间和精力投入对硕士、博士研究生的指导上。导师作为研究生的第一责任人，需要导师兼顾好研究生的生活、心理、学业和科研。其中，学业和科研方面就需要做到以下八点：一是了解和掌握研究生的基本情况以做到因材施教（喜欢的研究领域及主题、擅长英文与否、是否有继续从事科研工作的计划等）；二是着力抓好原典文献阅读和研究以夯实科研基础；三是努力上好研究生专业课以传授研究方法；四是持续进行定期团队组会以讲评和把关学术论文；五是支持研究生参加学术会议以开阔眼界等；六是鼓励并引导研究生兼顾中英文学术论文的撰写以提高学术竞争力；七是带领研究生参加与海外学者的合作以增强跨文化能力；八是支持研究生进行数据获取、分析和研究论证以呈现真正的研究。

（5）社会服务。高校教师除了完成自己在校内的本职工作，还要利用自己的学科专业特长服务于社会企事业单位、学术组织、社区活动等劳动活动（见表7-1）。这既可以服务于国家社会的发展（如提供解决方案、渠道、思想等支持性工具），也可以为研究生提供实践机会，搭建理论与实践的连接平台，同时也可以为高校教师提供实践认知以服务于理论及学术研究。

---

① 对青年教师而言，既有课时较多的情况，也存在课时不足的情况。一般情况下是课时较多，且时常被安排讲授"边缘"或"生涩"的课程。

表 7-1　高校教师的一天可能涉及的工作事务

教学与指导	事务性工作	科研工作	服务社会
上课（本硕博）	学科建设	学术论文	社会服务 （诊断、评价、优化）
学术报告	教材编写	纵向课题 （申请书撰写）	横向课题（竞标）
备课	财务报销	专著	校外授课
学生指导（本硕博论文）	表格填写（不定期）	研究调研 （访谈、问卷、实验）	独立董事
学生指导（本硕博日常）	校内例会	校外学术会议	政府及事业单位政策顾问
学生指导（本硕科创）	各类学习/培训	校内学术会议	
学生推荐信	回复工作邮件		

注：笔者整理所得。

二、高校教师的生活

（1）浓厚的学习氛围。作为高校教师，需要不停地学习新知识、新技能、新方法，同时将所学内容结合到自己的研究中，时刻追赶学科前沿。

（2）自由的工作安排。高校教师的自由体现在两个方面：一是工作内容的自由，可以选择自己喜欢的研究方向；二是时间安排的自由，除去上课时间外，高校一般没有坐班要求（兼职行政职务的教师除外），可以自行安排工作时间。

（3）较长的工作时间。高校教师的科研与教学任务十分繁重，可能经常需要工作到半夜甚至是后半夜，周末与假期有时也得加班，因为学术研究需要保障大量的时间投入，投入的时间也往往是一大段无间隔的。

刘贝妮（2015）调查发现，高校教师周工作时间为 52.3 小时，远高于《中华人民共和国劳动法》（以下简称《劳动法》）中周工作时间不得超过 44 小时的规定，超过法定时间 18.8%。此外，如前文所述，社会大众多认为高校教师很轻松，其重要原因是有寒暑假，但从表 7-2 可以看出，高校教师的寒暑假过得并不轻松。在寒暑假期间，高校教师的周工作时间依然达到 32.9 小时，并且在法定节假日中平均每天工作时间仍有 4.4 小时。如果将教师寒暑假计算为 12 周，那么每年总工作时间为 2483 小时，而按照《劳动法》规定的周工作时间计算出的年工作时间为 2288 小时。所以，即便是教师有寒暑假并在假期内周工作小时数比标准工时制工作时间少，但按"年"计算仍比《劳动法》规定的工作时间多出 195 小时。他们平均每周深夜工作时间约为 11 小时，占周工作时间的 22%，教师工作时间分配主要有教学、科研、管理与服务三部分。以教学为主的教师，教学时间约为 24 小时，科研时间约为 21 小时，管理与服务时间约为 6 小时。数据还显示，虽然高校教师不用坐班，但由于需要到学校上课、开会或者参加学术活动等，平均每天上下班交通时间为 1.95 小时（见表 7-2）。

表 7-2　高校教师工作时间现状统计

子项目	平均值（天/小时）	平均值（周/小时）
教学期工作时间	10.5	52.3
寒暑假工作时间	6.6	32.9
法定节假日工作时间	4.4	—
教学时间	4.9	24.4
科研时间	4.3	21.3
管理与服务时间	1.3	6.3
深夜工作（22 点后）时间	2.3	11.5
参加会议时间	0.38	1.9
社会兼职时间	0.42	2.1
培训时间	0.46	2.3
通勤时间	1.95	9.75

注：基于刘贝妮（2015）的研究整理所得。

此后，付梦芸（2017）针对我国研究型大学教师并基于更大样本（3617 名）的研究发现[1]，周工作 40 小时以下的仅占 10.60%，50~60 小时占 61.10%，60~70 小时占 15.90%，70 小时以上占 12.40%（见图 7-1）。可以看出，研究型大学教师的周工作时间要长于教学型或者教学科研型大学教师，并且研究型大学教师在教学期工作时间与寒暑假工作时间没有太大的差异，甚至在寒暑假中，教师们投入研究的时间会更多，特别是可以有更大段的时间投入学术研究中，比如，研

---

① 付梦芸. 柯罗诺斯之困——我国研究型大学教师的工作时间及其分配 [D]. 华东师范大学博士学位论文，2017.

究设计、调研访谈、数据获取与分析、论文撰写、课题规划、设计与撰写、投稿与 R&R、专著及教材的撰写、学术会议及交流等。

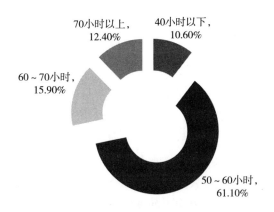

70小时以上，12.40%

40小时以下，10.60%

60～70小时，15.90%

50～60小时，61.10%

图 7-1 我国研究型大学教师周工作小时数

（4）薪酬待遇属于当地平均工资之上，因学科和教师的影响力差异有很大的差距。2021 年北京高校教师的月平均工资讲师为 10000 元左右，副教授 14000 元左右，教授 18000 元左右，当然由于基本授课工作量及其他基本工作量是否完成、个人所得税等其他因素的影响，具体收入可能会有所差异。如果同时承担了一些行政职务，其也会在津贴上有一定的补助。2016 年，麦可思研究曾对我国高校教师的薪酬进行调查，当年的高校教师的月平均工资为 5478 元，年薪不足 7 万元。同样，华东师范大学的一项研究指出，我国高校教师薪酬呈花瓶状分布，低于 10 万元年薪者相对集中，高于 20 万元年薪者人数少且相对分散，中低收入（年收入 15 万元以下）教师占比约为 80%。甚至，有些高校教师人到中年还只能拿到 7 万～8 万元的年薪。要知道这些高校教师多为博士，他们为项目、论文彻夜不眠，疲于奔命。2018 年，对外经济贸易大学的一项关于高校青年教师的调查显示，高校青年教师当中有 84.5% 认为自己处于社会中层及中层以下。最近，相关主管部门已经认识到高校青年教师薪酬方面存在的问题，也相继出台了相应的政策，相信未来会给予持续关注①。

———————

① 2019 年 8 月 27 日，人社部发表《人社部组织实施人才服务专项行动》，推进高校、科研院所薪酬制度改革。10 月底，科技部、财政部、教育部、中科院联合发布了《关于持续开展减轻科研人员负担激发创新活力专项行动的通知》，支持科研单位对优秀青年科研人员设立青年科学家、特别研究等岗位，在科研条件、收入待遇、继续教育等方面给予必要保障。

（5）其他福利。每年都有带薪假期，学术休假①（如到海内外访学、开展科学研究和学术交流）、与所在高校相关的子女教育资源等。

三、职业发展路径

（一）高校（专业技术岗）：助教—讲师—副教授—教授

高校教师的一般职业发展路径分为讲师（三级）—副教授（三级）—教授（四级）②。一方面，职称评价的难度受到院校本身的较大影响。早期毕业于名校的博士生还可以直接聘为副教授，但近年来这种情况越发少见，有的话也只发生在国外顶尖学府获得博士学位或从事博士后研究工作，并有重大研究成果或取得终身教职（Tenure-Track）的科研人员才可以直接聘为副教授或教授。此外，一些高校甚至只招收具有海归背景的科研工作者。另一方面，无论在什么院校，评职称都聚焦于对高校教师的学术实力的考察，一般体现在发表论文、项目经历等指标上，同时也将教学、教改、大赛③等其他因素作为参考。职称评价也有一定时间上的要求，如讲师到副教授要三年，副教授到教授要五年，但如果有非常好的科研成果，也可能获得破格晋升。

（二）科研院所的职业发展路径：研究实习员—助理研究员—副研究员—研究员教授

研究员并不是科研院所专有，在高校中也有少量存在。研究员序列平行到高校当中来看，还要分两种情况。早期的"研究员"只代表职称，与专任教师岗走"讲师—副教授—教授"的晋升路径不同，一般教学管理岗的职称是"副研究员/研究员"，尤其是工科学部学院的党政领导，如书记，走这一职称体系意味着教学工作量不影响其升降任免。

但是，在事业单位改革的大背景下，各地高校对用人模式进行变革，引入更

---

① 学术休假（Sabbatical Leave），诞生于哈佛大学，主要是为了吸引优秀人才，内容为每七年为教师通过一次学术休假，半年或一年的休假期间可享受半薪。最早于2004年在国内的清华大学、中国人民大学、北京师范大学、中国农业大学等高校实施，是一种推动教师学术成长的制度，主要目的是缓解教师的职业倦怠和激发其学术创造力。然而事实上，这项制度早在民国时期就在国立北京大学和清华大学推行过，比如清华大学在1930年推出的《专任教授休假条例》对休假做出了具体的规定。中华人民共和国成立后，国务院文件也于1994年提到学术休假。

② 主要是针对博士毕业生进入高校而言，当然早期的一些硕士毕业生进入高校往往从助教（两级）开始。国外相对应的职称分别为助教、讲师、副教授和教授。

③ 一般情况下，相较于研究型大学或者研究教学型大学而言，纯教学型大学或应用型大学往往既看重科研指标，也看重教学、教改、大赛等指标，且竞争者之间在科研上的差距不大，反而需要通过非科研指标分出高下，这也是这些高校职称晋升过程中受到"诟病"的地方，即容易被人为操纵和平衡。

加灵活的聘用制度，这时"研究员"就被作为一种岗位。面对惨烈的科研大比拼，高校各显神通。一边有大量博士加入科研队伍的需求，一边是无法为其提供编制的尴尬，如某些高校前些年"惯用"的大量招收年轻博士毕业人员的方式方法，矛盾之间，"专职科研岗"应运而生。从最初的"博士后"，到后来的"助理教授"，再到如今的"研究员"，都是高校扩大专职科研队伍的一种方式。

其实，无论是特聘研究员，还是助理研究员，听起来都挺"高大上"的，但前面的"Title"再花哨，也改变不了其"临时工"（Temporary Worker）的属性。从聘用方式上看，研究员类别的岗位和"博士后"、专任教师岗各有相似之处。目前，一部分高校特聘研究员的任期是3年，服务期内归项目负责人或课题组负责人管理，期限一到默认离开，这就和博士后的情况基本一致；还有一部分高校采用专任教师岗位"预聘—长聘"的方式对待研究员岗位：即按预聘制管理，预聘期6年。在受聘3年时，由学院组织进行中期考核，考核优秀的特聘副研究员可申请特聘研究员岗位。

预聘将到期时，进行期满考核，根据预聘期内个人职业发展情况，分别按申请长聘教职、延长聘期和不再续聘办理；个人职业发展特别优秀者，可提前申请长聘教职（即长聘职教授或长聘职副教授），相比较而言，第二类聘用方式相对有诚意，确实是因为暂时编制不足，才实施"曲线救国"，而非只为利用完年轻博士、博士后的价值就让其走人。所以，凡是看到"预聘—长聘"制的"研究员"招聘信息，可以放心尝试，未来的发展取决于自身的努力。

四、准入门槛

（1）专业背景。科学研究离不开扎实的专业知识和背景，特别是以国家自然科学基金为导向的研究正在向"高""精""尖""深"方向发展，因此需要教师从博士生开始数十年如一日地持续耕耘某一研究领域，方能有所成。当然，在目前交叉学科兴起的背景下，高校教师的去向主要受具体研究兴趣和研究领域的影响。

（2）学历水平与工作经验。目前博士学历已成为大多数高校的基本要求，且更加偏好有海外经历，尤其是国外高校毕业的博士毕业生。多数高校，包括北京大学、清华大学，本校人员留校几乎不可能。科研成果对高校教师至关重要，好的科研成果是学术水平的一种显性证明。因此，高校在招聘时十分看重应聘者自己的科研成果。

（3）英语。高校各相关专业领域的科研工作对英语的要求极高，从日常阅读文献到论文写作、出国交流等都有需求，尤其是现时的中国，很多高校教师只发表中文权威期刊，已经不能保证其能够顺利获得职称晋升，同时需要他们拥有良好的英文发表。因此，具备良好的英语能力是非常必要的。

五、什么样的人更适合从事高校科研工作

对科研和自己都有深度认知的人，才适合高校科研工作。

（一）对科研认知准确

有些科研工作是非常枯燥无味的，所以需要有兴趣在此的人。也需要多次面对失败（普通选手刚开始发表论文时，遇到退稿 3~5 次，实属正常），磨炼自己的意志，有能力的勇敢者。科研论文的写作要求每天都有一定的进度，基本保持日均 8 小时的工作量，雷打不动。努力做到"三无"实现"一有"，即"无周末、无节假日、无寒暑假，才能有所作为"。

（二）对自己有深度认知

（1）自制力强，忠于自我。做科研没有人给我们安排工作，我们是自己的老板。高度自由意味着高度自律，要努力做到"无须扬鞭自奋蹄"。

（2）主动性强，勇于探索。能够做到主动搜索资料、举一反三，不断探索新的知识和方法论，学习各种软件技术，持续跟进互联网时代的需求。在此过程中，要做到始终动力满满，从不动摇。因为我们要知道自己的成就感就在于不断超越和突破自我，创造新的答案。正如牛顿所言："我不知道世上的人对我怎样评价。我是这样认为：我好像是在海上玩耍，时而发现了一个光滑的石子儿，时而发现一个美丽的贝壳而为之高兴的孩子。尽管如此，那真理的海洋还神秘地展现在我们面前。"

（3）执行力强，善于多面。我们的生活除了科研之外，还有家庭、社会、健康管理、休闲爱好需要安排。科研时间往往是海绵里的水，是要靠挤出来的。只有善于协调工作、安排时间，加上健康管理，才能够确保活跃的思考力，保证持续输出。

如果你符合以上特征，那么恭喜你，你一定能够找到自己的价值所在。有所热爱且能够坚持思考，心灵强大的你一定会有更加精彩的高校科研生活。

（三）具备热情与信念

（1）教学热情与能力。教书育人始终是教师最重要的工作内容，无论是中小学校的教师，还是高校教师，都属于教育工作者，都要有足够的教学热情与教学能力。

（2）科研热情。高校教师的工作始终是与科研分不开的，对科研有足够的热爱才能使自己在辛苦的科研工作中坚持下来并做出成果。

（3）科研能力。科研能力从根本上决定了一名高校教师学术上可能达到的高度，有雄厚的科研能力也能为教学添砖加瓦。

（4）科研信念。科研既需要守得住清贫、耐得住寂寞，也需要淡泊名利、一心治学，更需要"板凳要坐十年冷，文章不写一句空"的精神。

总之，科研与智商关系不大，只要能考上研究生，也就满足了博士毕业的智力门槛。科研要求的是一个健全、成熟、强壮的心智。

心智＝自制力+抗压力+能动性+协调力

此外，要想取得学术成绩，也离不开清晰的职业目标和规划，加上有效的学术共同体。

六、相关信息渠道

博士或博士后期间获取招聘信息[①]，主要有以下八个渠道：

（1）各大高校官网。有些高校人才招聘信息会挂在人事处/部的网站上，而有些则会有专门的通道提供人才招聘信息。较为简单的方式，可以直接搜索某个高校的名称+人才招聘，一般可以找到。如"首都经济贸易大学人才招聘"。

（2）各大高校相关学院官网。这种做法不太常见，但有些高校也会让各个学院将招聘信息呈现在学院官网上。当第一种方法找不到人才招聘信息时，可以到学校组织架构中的学院官网查找人才招聘的入口。

（3）定期的招聘宣讲会。有些高校会在重点大学召开宣讲会，专门讲解他们的招聘计划和招聘政策。例如，国内的重点高校每年都会到中国香港、新加坡、美国等地的知名高校举办招聘会的宣讲，疫情防控期间则是通过在线视频会议的方式进行。一般是人事处/部的老师做政策解读，他们非常熟悉招聘政策，可以现场投递简历，随后由人事处/部转给相关的学院。通过宣讲会，博士、博士后可以报名参加该学校的"青年学者论坛"。

（4）参与青年学者论坛。该论坛的主要目的是人才引进。所以有知名高校背景、成果较多，抑或是海外背景的博士、博士后们可以关注这类论坛。如果通过青年学者论坛进行招聘，可以走人才引进通道，通过沟通也可以实行年薪制，以区别于普通的讲师引进。例如，每年首都经济贸易大学都会举办"哈博·高校（经管）博士学术论坛"[②]，该论坛已经成为全国经管博士生的学术盛会。此外，

---

① 摘自"小红书"发布的《7种渠道，获取高校招聘信息》，2021-05-31。

② 截至 2021 年，首都经济贸易大学已举办十一届"哈博·高校（经管）博士学术论坛"。

通过类似"哈博论坛"这类青年学者会议，博士、博士后能够充分交流和研讨影响国家、社会发展的突出问题，共同探讨学科前沿，开拓科学研究的新领域，发扬和传承学术精神，培养和提升创新能力。

（5）加入各专业领域的微信群。这类专业领域的微信群较具吸引力，其成员多为国内本领域内的主流教授、学者和研究者（部分为海外华人华侨知名学者）。目前，微信群成员的最大上限容量为 500，导致一些领域往往不止一个学者微信群，可能会有"1 群""2 群""3 群"不等，其中"1 群"通常是由主流的教授、学者、编辑组成，其他群的成员则多为非知名高校学者、非主流学者/边缘学者及博士生等，形成一定的差序格局。此类微信群对年轻的博士/博士后非常重要，提供的机会也较多，应该争取尽早加入，有助于寻找博士后合作导师、研究院所竞聘、学术研究合作、学术会议资源获取、领略学术前沿等。

（6）参加各专业领域的学术会议。各个学科（一级、二级学科）每年都会有数量不等的全国性定期学术会议，这类会议往往是本领域内的学术盛会，吸引众多本领域内的教授、学者和研究者共襄盛举。积极参加此类会议，既有利于博士、博士后领略学术前沿，分享研究成果，启发科研思路，重新评估自我，也能有效展示自我、拓展学术圈，以及提升学术影响力等。

（7）浏览专业平台网站与公众号。网站和公众号基本上每天都会更新，有一些特殊的人才招聘计划，甚至有特殊的申请通道，博士、博士后都可以直接递送简历。例如，中国高校人才网、青塔人才等。因此，要有定期或者经常浏览这些网站和公众号的习惯，以便及时抓住关键信息。

（8）具有良好的社会资本①以利于内部推荐。你的师长、前辈进入了这个学校，他们一般会提前知道这个学校本年度的招聘计划和人员名额，因此可以推荐你。当然，你还是需要走面试的全套流程，只不过他们能够第一时间给你提供这所学校是否有岗位空缺的信息。

第二节　高校青年教师的压力现状

2017 年，英国《泰晤士高等教育》介绍了瑞典 Jönköping University（延雪平

---

① 社会资本（Social Capital）是指人与人之间的联系及情义等"关系资产"（苗仁涛等，2021），有广义和狭义两类，其中狭义社会资本是指家庭内部成员相互支持和帮助；广义社会资本则将家庭内部成员的关系资产扩展到家庭外的社会人员，包括但不限于师长、同乡、同学、校友、战友、性别、专业、行业领域等。

大学）教授佩尔松的研究《世界高校中哪国学者压力最大?》，结果发现中国高校首当其冲。这项研究将压力分为 0~5 共 6 个等级，中国学者的压力为 5 级，而且中国也是世界上唯一占据 5 级高位的国家。

那么，我国高校青年教师必将面临更大的压力，这些压力主要来自工作压力（教学、科研与职称评定压力）、生活压力（住房、婚恋、子女教育与人际交往压力）、心理压力以及其他压力（自身的形象建设、职业建设和政治思想建设压力）等[①]。当然，这些压力也必然导致沉重的心理压力。

一、工作压力

（一）教学压力

随着大学招生规模的不断扩大[②]，高校青年教师的日常教学工作量也不断加大，甚至在晚上或周末他们仍要给学生上课（见表 7-3）。为满足大学生学习的需要，有的高校还实行了每学年三个学期的教学制度。作为高校教学工作的重要力量，青年教师担负着大量的教学任务[③]，教学工作相当繁重。有调查发现，有 21.6% 的高校青年教师的每周课时量有 10 节，有 24.5% 的高校青年教师的每周课时量有 12 节，甚至有 11.3% 的高校青年教师的每周课时量达到 14 节，有 71.9% 的高校青年教师常常在晚上 12 点以后才休息，有 82.3% 的高校青年教师在晚饭后要忙于工作，有 87.7% 的高校青年教师在周末仍要忙于工作。高校青年教师由于任职时间不长而缺乏教学实践经验，他们不能根据实际教学情景灵活采用恰当的教学方法，他们的教学效果与经验丰富的老教师相比是有一定差距的。因此，对所讲授的课程要投入更多的时间和精力备课，在目前高校普遍推行"学生评教"和"教学竞赛评比"制度的环境下，高校青年教师面临着巨大的教学压力。

---

① 姜捷. 论高校青年教师的压力问题及其缓解对策［J］. 河南大学学报（社会科学版），2016，56（1）：123-130。

② 所谓"大学扩招"，包括研究生扩招、本科扩招、高职扩招，是指中国大陆境内自 1999 年开始的，基于解决经济和就业问题的扩大普通高校本专科院校招生人数的教育改革政策。扩招源于 1999 年教育部出台的《面向 21 世纪教育振兴行动计划》。基于 1998 年的 9.76%，1999 年开始快速上升，到 2002 年，高等教育毛入学率达到适龄青年的 15%，高等教育从精英教育阶段进入大众化阶段。进入 2008 年，教育部表示 1999 年开始的扩招过于急躁并逐渐控制扩招比例，但在 2009 年全球金融风暴的背景下，教育部开始了研究生招生比例的调节。截至 2020 年，高等教育毛入学率达到 54.4%，正式进入普及阶段，并力争到 2025 年（"十四五"末），高等教育毛入学率提升到 60%。

③ 近几年，高校对青年教师的管理和培养越发系统、科学和严格，新入职教师第一年不被安排授课任务；此外，只有取得教师资格证后，授课任务才算职称评审时的必要工作量。

表 7-3　首都经济贸易大学本科生排课单元设置

周一至周五	上午	第一单元	8：00-8：45
			8：50-9：35
		大课间 20 分钟，小课间 5 分钟	
		第二单元	9：55-10：40
			10：45-11：30
			11：35-12：20
		午休	
	下午	第三单元	13：30-14：15
			14：20-15：05
		大课间 20 分钟，小课间 5 分钟	
		第四单元	15：25-16：10
			16：15-17：00
		晚餐	
	晚上	第五单元	18：00-18：45
			18：50-19：35
			19：40-20：25

注：摘自首都经济贸易大学教务处 2021—2022 教学年度第二学期的教学计划。

2015 年初，教育部办公厅印发的《2015 年教育信息化工作要点》（教技厅〔2015〕2 号），要求学校要坚持信息技术与教育教学深度融合的核心理念，大力提高教育技术手段的现代化水平和教育信息化程度。信息技术的发展必然导致教学手段现代化和教学过程智能化的革命，这就要求高校教师必须掌握现代化的教育技术手段，把教学内容与信息技术、学习资源、人力资源等有机地结合起来，以提高教学质量和效果。但是，高校青年教师在读博期间所掌握的信息技术主要是传统的多媒体教学手段，他们还不能很好地应用慕课、微课、翻转课堂[①]等教学设计和教学方法，这会使他们的教学效果不理想，因此他们承受着极大的教学压力。

---

　　① 翻转课堂译自"Flipped Classroom"或"Inverted Classroom"，是指重构课堂流程，学生先通过教师制作的教学视频自学，然后在课堂上做实践性练习，将学习的决定权从教师转移给学生。
　　微课是指按照新课程标准及教学实践要求，以视频为主要载体，记录教师在课堂内外教育教学过程中围绕某个知识点（重点、难点、疑点）或教学环节而开展的精彩教育教学活动全过程。
　　慕课是指大型开放式网络课程（Massive Open Online Courses，MOOC）。

（二）科研压力

尽管从上到下相继提出要"破五唯"，但以高水平的科研为支撑的高等教育对大学实现内涵式发展、提高教师的科技创新能力具有重要作用。因此，很多高校对科研工作非常重视，对教师的科研工作都提出了较高的要求，有些高校甚至把教师职称、职务的晋升与他们的论著的发表、课题的申请等这些"量化指标"相挂钩。另外，随着高校生源竞争的加剧与毕业生就业形势的日益严峻，教师的科研水平和教学实力成为高校对教师进行评比、排名的重要依据，也是高校影响力的重要标志。所以，很多高校往往采用定量评比的方法来衡量教师的科研水平与教学实力[①]。

科学研究与创新都需要长期的艰苦奋斗，高校青年教师的学术积累和科研创新也不是一蹴而就的。目前，我国高校的学术评审制度对前期科研成果薄弱的青年教师来说不利于他们的科研、学术成果的积累，同时学校的科研经费与学术资源往往集中在精英手中，这使青年教师在申报课题和发表学术论文、出版学术专著时面临着巨大困难。为了快出成果、多出成果和出好成果，青年教师在承担教学工作的同时，还要投入较多的精力与时间完成科研任务，因此他们承担了较大的科研压力。研究显示，有25.3%的高校青年教师认为科研任务繁重，有50.3%的高校青年教师认为发表论文难度较大，有24.5%的高校青年教师认为申请课题难度高（王海翔，2004）。繁重的科研压力造成高校青年教师脑力与体力的严重透支，从而损害了他们的身心健康。

（三）职称评定压力

职称的高低决定着教师的收入水平、家庭的生活质量、学术地位甚至社会地位，也就是说，职称的评定与青年教师的自身利益和发展密切相关。高校青年教师的职称不高，事业才刚刚起步，因而他们具有较大的职称晋升需求。

我国高校的职称评审制度，打破了职务和职称的终身制，引入了竞争机制，这对于调动教师的工作积极性具有重要意义。然而，由于职称的评审名额有限，这使评审的标准和条件更加严格与苛刻。

二、生活压力

（一）婚恋压力

调查发现，高校青年教师整体的婚恋压力较大，拥有博士学位的高校青年教

---

① 有大学校长在全校大会上明言：研究搞得好、搞得深的大学或一流大学，从来没有人会质疑该高校的教学质量差。

师群体与异性交往的压力比拥有硕士或本科学位的高校青年教师群体的压力要大（李恒，2013）。高校青年教师大多数是博士毕业，而且都已经到了谈婚论嫁的年龄，但是不少青年教师在读博或读硕期间忙于学习、科研、就业等事务，往往没有多余的时间与精力考虑个人的婚恋问题，尤其是高校青年教师中的博士群体，他们在学校读书的时间较长，社交圈相对较小，他们熟知的人多为同学和老师，比较缺乏人际交往的经验与技能。同时由于高校是一个相对封闭的独立系统，这又进一步限制了他们的择偶范围，因而高校青年教师解决婚恋问题是比较困难的①。

（二）住房压力

从 1998 年开始，我国高校由福利分房转变为商品化购房。目前，很多高校在招聘教师时不再提供住房或住房补贴，高校所提供的租住公房与周转房相对较少，北京高校提供的就更少了，难以满足高校青年教师的住房需求。同时，社会上的商品房价格居高不下，高校青年教师的收入普遍较低，这使他们难以购买昂贵的商品房。尽管他们中的有些人在双方家人的帮助下筹措了首付，并通过银行贷款购买了商品房，但却整日为偿还贷款而奔波、奋斗。另外，虽然高校青年教师缺乏一定的经济积累②，住房公积金与补贴基数又很低，但他们不属于贫困阶层，不能申请经济适用房与廉租房，所以他们只能暂时在校外租房居住，因此他们承受着较大的购房压力。

（三）子女教育压力

不少高校对教职工子女入学问题考虑不周，在建设新校区时缺乏相应的配套设施，导致很多高校青年教师的孩子入托入学比较困难。高校青年教师正处于事业发展的关键时期，也是其子女接受教育的重要阶段，然而由于他们在教学、科研等方面的压力较大，所以很少有时间和精力陪伴和关心孩子、辅导孩子的学习。同时，不宽裕的经济收入也不允许他们有较多资金投入子女的教育，但是"不能让孩子输在起跑线上"的教育理念又让青年教师承担着巨大的子女教育压力，因为高校教师中的绝大多数都是中国教育的"既得利益者"③，这使他们异

---

① 事实上，一线城市如北京也早已认识到大龄、高学历青年面临的婚恋压力，北京市教育工会每年都会联合高校、附属医院，并邀请国家部委机关、银行、央企、银行、一线大厂等共同举办"情暖三月天·爱在女神节"单身青年线上联谊活动，为单身青年教职工搭建相识相知、交流沟通的平台（2022 年 3 月 8~14 日）。

② 高校青年教师相较于其他同龄青年，至少要晚工作 3~7 年，几乎没有积蓄。

③ 相信很多高校教师会有这种想法，他们大多来自农村地区或是城市的中低等家庭，对他们而言，跳脱固有社会阶层的唯一有效途径或捷径就是努力学习，通过高考攻读硕博士。因为官宦家庭、富裕家庭的子弟很少能够数十年如一日的甘坐"冷板凳"，投身于艰苦的学习中，他们更喜欢也有资源投入那些"短平快"的工作中。

常重视子女的教育。

（四）人际交往压力

研究发现，高校青年教师的人际交往存在着一定的封闭性、单一性，他们的人际关系结构松散，相互依赖性差，文人相轻现象犹存，功利性倾向明显等。高校青年教师平时工作压力较大，彼此之间的交流较少，再加上他们的阅历浅，待人接物方面有所欠缺，特别是有些青年教师刻意追求独立人格而不愿迁就他人，这很容易使人际关系出现不和谐的现象。有数据显示，有41.6%的高校青年教师认为自己的人际关系一般，有9.8%的高校青年教师认为自己的人际关系不好（姜捷，2016）。高校在引入教学和科研工作的竞争机制的同时，也加剧了青年教师之间的相互攀比和竞争，造成他们之间不能有效互动和沟通，人际关系比较冷漠，人际交往的压力也随之加大[①]。

三、心理压力

（一）经济压力导致的自卑心理

巨大的经济压力使高校青年教师对自己的职业失去信心，对个人的能力评价降低，工作动力减少，意志消沉，悲观失望。在和其他职业人群进行比较时，学历高人一等，收入却低人一等，心理上既感到极大的不平衡，又有一种强烈的挫败感。原本预期的舒适的生活品质和丰富的生活方式都无法实现，面对残酷的现实生活压力，难免产生自卑心理。

（二）学习压力导致的焦虑心理

如果短期内无法获得教学和科研成果，青年教师难免会产生紧张焦虑的情绪，具体表现为坐卧不宁，心烦意乱，对挖掘新事物失去兴趣，对未来情况过分担忧，有的甚至出现恐惧等。焦虑心理导致青年教师思维滞涩、判断失误、记忆力减退、想象力贫乏、智力水平下降。

（三）科研压力导致的偏执心理

高强负荷的科研工作，使青年教师和他人接触交流的机会较少，易形成固执、刻板的偏执心理。过分坚持自己的想法，很难接受他人意见，喜与人争论，敏感多疑，对他人没有信任感，喜迁怒他人，心胸狭窄，嫉妒心强，缺乏热情和同情心，对业余活动缺乏兴趣，缺乏体贴的情感，没有幽默感，过度投入工作，

---

① 事实上，近些年，不少高校的职称晋升中经常出现类似"政府提拔"时的举报现象，但事后发现，这些举报更多的是"虚假举报"。主要原因是举报者试图竭力干扰、剥夺和破坏被举报者的职称晋升机会，这极易破坏"清净贞正"的校园文化，甚至导致互相报复。

不善享受人生。俗话说"物极必反"，经过十数年的持续努力，成功"上岸"的教授，也可能出现"我行我素""放纵自我""走向极端""判若两人"的情况。

（四）人际关系压力导致的抑郁心理

一些高校学术氛围不正，拉帮结派，原则性不强，办事要找熟人、靠关系，让青年教师常常迷失方向，在准则和人情面前手足无措。另外，由于有的青年教师内向孤僻，导致其缺乏交往意识和欲望，不想与人进行交往，更难以与人进行心灵沟通，不愿展示自己的真实思想、情感和需要，表现为不合群，在交往技能和方法上也表现较差，交往容易受挫。这些人际关系问题，导致青年教师心理上形成困惑，情绪低落，甚至形成自闭的不良个性，有问题就憋在心里，不能及时排解，日积月累就会陷入抑郁的旋涡。

（五）情感压力导致的孤独冷漠心理

在从事艰辛枯燥的脑力劳动过程中，高校青年教师渴望与他人交流并得到关心，但又不得不独自盏灯熬夜工作，心中难免产生孤独感。有孤独感的人倾向于对他人和自己给予严厉、苛刻和消极的评价，对于拒绝反应更敏感，缺乏基本的社交技能，难以与他人建立亲密持久的关系。另外，长时间高强度的工作使青年教师只关心自己的研究领域，只关心涉及切身利益的事物，对社会、对他人都漠不关心。这种冷漠心理表现为不关心时事政治，待人缺乏热情，不愿与人为伍，缺少爱心和奉献精神。

（六）社会压力导致的过度自尊心理

一直以来，高校教师都是令人羡慕的职业。社会各界对高校教师赋予了很高的期望和要求。不仅要有较高的专业知识水平和业务能力，而且要在职业道德、为人师表、无私奉献等方面率先垂范。在这样的光环下，作为刚参加工作不久的青年教师，既感到无比自豪，也感到压力倍增。为了得到社会各界的尊重和赞誉，往往表现为行为严肃认真，讲究师德尊严，过分追求权威。同时，精神紧张，做事谨慎小心，注重细节、追求完美，以道德表率和行为模式严格约束自己。近年来，关于高校和教师的负面新闻不断涌现，使得原本就抱着强烈自尊的青年教师更加紧张和压抑，生怕自己做出不当的言行举止给学校和教师职业抹黑。这种过度自尊的心理使青年教师不敢充分展现自我，不敢表达自身的需求，遭遇伤害和不满容易自责或暴怒。

四、其他压力

（一）形象建设压力

良好的教师形象具有榜样的示范力量，在榜样的影响下可以有效提升大学生的综合素质。在外在形象上，高校青年教师需要在言谈举止、衣着服饰等方面做到与教师身份相符合；在内在形象上，高校青年教师应在育人意识、理想信念、敬业精神、师德师风等方面苦练内功，以提升个人修养。因此，高校青年教师塑造良好的自身形象不仅是社会的期望，也是教书育人工作的内在要求。这对于入职不久而又缺乏经验的高校青年教师来说，无疑具有较大的压力。

（二）职业建设压力

目前，我国高校的绝大多数青年教师都是博士，他们具有很强的成就动机和较高的价值追求，比较重视自己职业的未来发展，但是他们要想成为一名合格的教师，或成为一名优秀的大学教师，还需要长期的积累、历练。研究发现，有29.4%的高校青年教师不了解自己的职业发展目标，而且组织对教师的发展支持不够，组织为教师提供职业发展咨询的比例只有19.6%；有74.7%的高校青年教师认为，组织并不关心教师是否能够实现职业目标，当教师需要职业咨询和指导时，只能由自己寻求帮助（王友青，2012）。由于高校青年教师缺乏具体、明确的职业规划，以及缺乏对自身与社会的深入了解，所以在职业建设过程中存在着盲目性，没有科学、可行的职业发展路径和目标，不能及时调整自己以适应环境与岗位的需要，因而高校青年教师具有一定的职业建设压力。

（三）政治思想建设压力

高校是创新知识和传播先进文化的重要阵地，高校青年教师是创新知识和传播先进文化的中坚力量，这必然要求青年教师具有较高的政治觉悟和思想认识水平。同时，高校青年教师的年龄与学生的年龄比较接近，他们与学生接触的时间也比较多，对学生思想行为的影响很直接，他们的政治思想素质对学生具有很强的示范引导作用，这对青年教师的政治理论水平和思想认识水平提出了更高的要求。虽然高校青年教师专业基础知识比较扎实，思想比较开放，敢于并善于提出个人的见解，关心时事政治，具有忧国忧民意识，但一个时期以来，由于各种因素的影响，高校青年教师较为普遍地存在着轻德育重智商、轻政治重业务的现象，在面对教学与科研等巨大压力时，他们往往把大量的精力和时间投入业务素质的提升上，忽视了对自身政治思想的建设，过于重视个人的物质利益，轻视理想信念的树立和奉献精神的培养，对社会转型过程中出现的各种问题，特别是对付出与索取、理想与现实的矛盾等感到困惑与迷茫而陷入思想困境。因此，他们在思想道德建设方面存在着不小的压力。而要改变这种状况，不仅高校要加强对青年教师的正确引导和教育，而且青年教师个人还要明确职责，自我加压。

第三节 年轻博士择业，哪些大学可以去

如前文所述，考虑到沉没成本、学术追求及校园氛围，进入高校任教，是很多博士毕业生的首选。那么，哪些高校可以成为选项？[①]

一、"985" 高校

最近几年，"双一流"喊得挺响，以至于"985"高校似乎都快被人遗忘。但"瘦死的骆驼比马大"，"985"高校有历史、有积淀，况且在"双一流"建设最终名单中，"985"高校全部进入一流大学建设名单。因此，"985"高校不仅是骆驼，还是风华正茂的骆驼。

这些高校招聘人才有一个特点，一般喜欢"诚邀海内外优秀人才"，先"海"后"内"，还得并列一个"优秀"条件。没海外经历，首先是矮了一截，如果成果上又达不到显著的"优秀"程度，几乎希望就很渺茫了[②]。

二、本领域排名前三的高校

大家的专业差别很大，有些专业在"985"高校里连一席之地都没有，这很正常。僧多粥少，可能又赶上吃粥的和尚很多。

但在你自己的领域里，你应该知道哪些高校是行业大佬。在行业大佬里，首选排名前三的高校。这些高校，至少学科建设经费在国内是有保障的，否则也很难排到前三。你可能会问，为啥不是前五、前十，而是前三呢？主要原因有两个：一是你别盯着前三，能去排名第一的，第二第三就不用考虑了；二是学科的排名越靠后，对你的参考价值越小。例如，在全国高校排名中，你会认为前100名的可能还会看看，排名600和排名700的，它们之间的排名差距有100，但你还会过多关注吗？大概不会。

能在本领域排名稳居前三的高校，至少学科实力得到长期认可。

---

① 引自并调整了"牵着小猪流浪"于2020年5月13日发表在知乎的"年轻博士找工作，哪些大学去得、哪些去不得？"

② 几年前，即使是清华大学和北京大学的经济管理类博士毕业生，能够进入对外经济贸易大学、中央财经大学就很好了，现在能够进入首都经济贸易大学就很不错了。这还要看本科是否"211"或"985"毕业，以及具体的科研成果水平。

三、"双一流"学科的高校

类似第二点，如果能够成为"双一流"学科①，表明该学科在国内同学科的排名是前 10%，在生源质量、人才培养、经费支持、师资队伍、科研能力、学术贡献、社会服务以及共同构成的学科平台等方面都极具竞争力，这些都会给予年轻教师在科研启动、学术创新、组织支持及职业发展上以助力。

四、其他高校

除了以上三类高校，其他高校有没有区别？当然有。

相较而言，"211"工程的高校要优于普通院校；东部的高校要优于西部的高校；老牌高校要优于新建院校；排名靠前的院校要优于排名靠后的高校；一线城市的高校要优于落后地区的高校等。但是，这些都是相对的，很难给出统一的判定。例如，南方科技大学、深圳大学等都是新建没不久的高校，目前来看既有成果与发展态势都非常强劲；有些所谓的老牌高校实际上是专升本或者合并而来的，也未必一定优于新建院校。因为，这些相对的因素需要具体问题具体分析，不如上述三个标准简单。假如自身达不到前三条标准，说明自己软硬件可能存在问题，有可能处于"上不上、下不下"的尴尬境地。此时，要根据自己的具体情况来分析，如你有哪些选择、老家在哪里、爱人就业去向等。

第四节　年轻博士择业，哪些大学要慎重

年轻博士在择业时，前提条件是你有选择权，即很多高校都想录用你，那么你自己可以从中选择，而不是你自己本身都没有多少选择，还要挑肥拣瘦。在你选择学校而不是学校选择你的前提下，以下情况的高校需要慎重选择：

一、基础设施与办公条件简陋的高校

（一）办公室不足

面试时顺便去参观一下这所高校的年轻博士的办公室，一间办公室安排 5 个

---

① 根据我国第四轮科学评估标准，学科排名在全国前 2%（或前两名）为 A+，2%~5% 为 A（不含 2%，下同），5%~10% 为 A-。由于"双一流"是一个动态建设过程，着力打破身份固化，不搞终身制，尽管建设过程中存在这样那样的问题，但相较于过去的"985""211"工程建设的"身份固化"，则更具科学性和合理性。当然，学科本身没有优劣之分，其振兴与发展与社会经济、时代需要等诸多综合因素密切相关。第五轮学科评估结果已于 2022 年 2 月下旬进行公示。

以上年轻教师的，要慎重考虑。已经入职的人的办公条件尚且如此，更何况是新入职的。当然，这个与办公室的建筑面积和格局有关，如果大办公室做了隔断就另当别论。

（二）办公室不配电脑

同样，面试时顺便去看看年轻教师的办公室里台式机电脑有多少、笔记本电脑有多少。问一下使用笔记本电脑的在职前辈，这些笔记本电脑是自己的还是单位配的。现代社会，电脑是进行办公最基本的条件，如果一个高校给年轻博士连电脑都配不齐，多半不怎么样。提供必要的办公条件是高校的应有义务，否则如何在单位备课、处理文件、做科研及带团队。

二、治理能力不足的高校

（一）学校官网宣传的多是领导很忙

打开学校网页，看看新闻里的主要内容是什么？倘若大部分内容都是领导很忙的新闻，有一定概率这所高校官僚主义盛行、有些下属喜欢溜须拍马，这种高校一般工作氛围较为压抑，不利于年轻人健康成长。聪明的高校领导至少表面上要呈现出为师生服务的态势，新闻里也多是师生的报道。有些高校连表面工作都不做，你还指望他能好到哪里。有时间再去二级学院的官网看看，新闻更新勤不勤、通知是否及时、新闻都在宣传什么、以往都做了哪些工作等，也能管窥一二。

（二）二级学院领导班子搭班混乱

观察一下即将加入的二级学院领导班子的搭班情况。例如，你是交通工程专业的，而这个交通工程学院里，院长是酿酒工程毕业的，书记是艺术管理专业毕业的，几个副院长分别是视频工程、包装工程、矿物加工工程出身的，整个领导班子不仅搭配不合理，而且和本学院的主攻方向还不一致，这种单位最好不要去。

（三）人事变动频繁

国外的高校，跳槽很常见，但对国内的高校而言，大家更看重的是工作稳定。如果一个高校人事变动频繁，比如近年来主动跳槽的人数比较多，说明该校可能留不住人才。对中层领导岗位而言，可以查看高校的组织部门，一个中层领导岗三五年之内就频繁变更，也不利于单位发展。因为一般做规划都是五年一个规划，结果一个规划还没执行完，领导换了两拨，可以想象这样的高校工作效率会怎样。毕竟我们需承认，任何人都是需要时间进行"组织社会化"的。

（四）单位开会特别多

同样，一个高校，不是在开会，就是在准备开会的路上，这类高校最好不要去。无论是教学还是科研，都是需要付出时间和精力去完成的，当你的个人精力疲于应对各种会议时，你就很难分神再去应对最为重要的事务——教学和科研。

（五）绩效考核不合理

事实上，基于结果导向的绩效考核是每所高校都会采取的正常举措，但如果每位老师都说考核举措不合理、考核指标不恰当、考核标准不科学时，或者指标、标准对多数老师来说都很困难，并出现人心浮动、焦虑倦怠、人员流失时，表明该校的主要领导及职能部门领导（如人事处）已经"黔驴技穷""无计可施"了。

三、领导理念保守陈旧的高校

（一）行政楼进不去

有些高校领导单独在行政楼办公，如果尝试进入行政楼非常费劲，表明工作后如果遇到困难找领导也会非常费劲。这种单位要慎重。如果经过交流或登记能进去，但发现主要领导的办公室都不公示，这是"羞于见人"，缺乏魄力的表现，也要慎重。

（二）二级学院各级领导年龄均非常大，接近退休，并且系主任10年、15年，甚至20年不变

经常遇到年龄大，但能力、道德、学识及心性都极高、极好的前辈领导，我们身处其中备感荣幸和开心。但一般情况下，年龄大、在位时间长的各级领导，其早已过了体力最充沛、精力最旺盛、闯劲最勇武的时光，此时的他们行将退休，导致他们成天围绕和服务于社会组织而废弃了院内的各种事务，如学科带头人、学术梯队、人才培养、学科规划与建设、学科创新能力、学术交流等方面。甚至会将其本职工作任务交由刚入职的年轻博士做，效率及效果可想而知，极大地挫伤团队及老师的凝聚力和创造力，优秀的人才也很难脱颖而出。正所谓"身在曹营心在汉"，这些领导没有时间、精力和意愿来思考和带领大家规划和推动学院学科的长远发展。

四、条件苛刻的高校

（一）入职1年内不落实科研启动费

询问已经入职的前辈，科研启动经费入职多久能到账使用？科研启动经费到

账时间 1 年以上的，要慎重。这意味着，这 1 年之内你没有研究经费，写论文没有版面费，开了发票可能面临明年过期无法使用或需要各种审核签字等问题。也就是说，科研经费不落实，意味着你或荒废科研或自费科研，均不利于你的成长。优质的高校，一般入职半年以内就能落实科研启动经费；稍差一些的高校，过了半年实习期，签订正式合同以后就能落实科研启动经费；超过 1 年落实科研启动费的，都是令人遗憾的高校。

（二）首期合同 8 年带高违约金条款

凡是愿意首期合同就和你签 8 年的高校，多数是缺少博士，想留住你的。建议这种高校能不考虑就不要考虑。优质的高校，是你靠自己的努力、自己的业绩赢得别人的认可、尊重和挽留。比较差的高校，习惯用 8 年甚至 10 年合同和高额违约金吓唬人，让人身心俱疲。假如你还想努力，就去优质高校，虽然竞争压力大，但你的努力不会白费；想优哉游哉，不想努力，不妨找个首期就要签 8 年还附带高违约金的高校，不犯原则性错误，就基本可安稳度日。

五、科研实力弱的高校

（一）经管类学科弱势的理工科大学

如果你是经济管理类学科背景的博士毕业生，要避免选择到经济管理类学科较为弱势的理工科大学工作，因为这类高校通常按照理工学科的标准设定一套全校统一的科研成果考核标准，导致经济管理类的教师几乎无法完成科研要求而影响薪酬及绩效，促使他们产生挫败感。

（二）"双一流"高校中的"非双一流"学科

如前文所述，"双一流"学科具备了多方面的优势，是历史积累和长期发展的结果，绝不是一朝一夕能够达成的。因此，在选择"非双一流"学科就业时，要关注该学科在教育部第四轮或第五轮学科评估中的具体排位，如果排名前 20%（B+），哪怕是前 30%（B）或前 40%（B-）都可以接受，当然排名越靠前越好。因为这些学科在受到领导重视，并持续地发展和投入的情况下，有极大概率在较短的时间内进入"双一流"。

（三）二级学院领导业绩质量不佳

我们深信，高素质的领导应该是管理能力更强一些，能够有效地运筹帷幄和决胜千里。但在我国的现代大学，"学而优则仕"的现象更多一些①。一些领导

---

① 相对而言，我国理工科大学的领导，大多是"学而优则仕"的代表，但在人文社会学科及财经类院校，这种情况要少一些。

往往是科研能手，继而走上领导岗位。优点是大家是同行，基本业务上的事情都能聊得来，科研业务上也能扮演师长的角色，工作相对更务实一些。缺点是作为同行，可能会有冲突，要看领导的素质与能力。好的领导，善于调兵遣将，发挥出团队活力，实现多赢。既然是调兵遣将，应该雨露均沾。看一下二级学院主要领导近年来的学术发表，如果最近5年都没啥成果，这种领导基本上已经在科研上自我放弃了。二级学院领导在高校是中层干部，还是应该要有干劲。近年来的科研业绩，无疑是他干劲十足的反映。

最后，针对年轻博士择业，要注意以下四个问题：

（1）不要看重或者不要太看重安家费多少，安家费越多，枷锁越重。如果有免费的午餐，必有相应的负担。

（2）寻找工作期间，尽可能地亲自实地考察，不要因为自认为足够优秀就轻易签订协议。纸上得来终觉浅，须知此事要躬行。

（3）不管喜欢与否，工作以后都要好好干，这是你敬业精神的体现。

（4）不要认为事业单位就是铁饭碗，因为人吃的是荤素食物，不是饭碗，我们要有打粮的能力，就不必担心饭碗了。

第五节　准博士应聘高校教师的注意事项

如果博士毕业后想到高校任教，除了要有良好的学术发表、研究经历和本科出身，作为准博士、博士或博士后，通常还都会经历试讲（面试）这一关。博士应聘高校试讲需要关注以下三个方面：

一、自我介绍

首先要充满自信，平和而有底气；其次要简洁，用不超过三四句话，介绍你的姓名、毕业院校。即注意用自信、平和的口吻传达自己谦虚的态度。例如，"各位领导、各位老师：大家好！我是×××，来自×××大学，师从×××教授，很高兴有机会来到×××大学×××学院参加本次试讲。今天，我要讲的主题内容是×××……"

二、试讲主题与结构

（一）一个既有学术性又具实践性的主题

尽可能和试讲学校学院沟通试讲的课程、章节以及是否可自选。如果已经确定试讲课程及章节内容，这可能是一个"标准化面试"，那就认真准备，但应避免照本宣科，需有自己的见解，并且要提前给自己或同学演练一下。如果可自选，那么较为有利，那就要选自己最为擅长和熟悉，能够适当发挥的章节讲授。但建议是，试讲主题需新颖，有故事性，不可平淡，要让评委听到题目就耳目一新。最好能以试讲者的一篇有影响力的论文或者省部级以上纵向课题为主题，加入自己的理解，多方引证，推进构念、常识等理解深度，注重主题内容学术性观点的论证和出处，并结合实际例证。

（二）一个好的结构

自我介绍和报出课题已经用时 3 分钟。接下来，制胜之处在于好的讲授结构，要尽量把精彩的内容讲在前面，如板书、课题之后，要尽快将课堂讲解的要点分析出来，以便下一步逐步讲解。无论竞争者有多少，评委永远不可能有耐心听完所有人的 20~30 分钟。讲到 15 分钟时，已经将部分细节性问题解析了 1~2 个，评委也已知道你的教学水平了。因此，最好将整个试讲的关键问题设计在 12~15 分钟时进行讲解。经常会出现的现象是"没讲完，就被叫停了"，反倒是评委对感兴趣的应聘者就不会那么关注时间。请谨记：精彩在前永没错。

三、言谈举止

（一）目中要无人

这里的"目中要无人"不是要你平时咋样就咋样，绝大多数人也做不到，还是要重视起来。虽然大家都紧张，毕竟求学期间没有多少正式、严肃（决定命运）的场合有机会登台，更别提台下受众还是对你的研究主题和内容非常熟悉的专家学者。但相信经历博士阶段洗礼的每个人，必定没少参加各类型、层次的学术会议，俗话说"没吃猪肉，还没看见猪跑呀！"

因此，过度紧张没有必要，有效的方法是，在开口前首先要环顾四周，并能够与每一位受众来一次眼神的交流以平静心气，增加信任感，拉近彼此的距离；在讲授过程中可以基于角度，挑选几位你容易与其不断进行眼神交流的受众进行持续交流；当然，最好还是能够自始至终与每位受众进行频繁的眼神交流，这也是自信的表现，会极大地获得评委的好感和赞许。

（二）板书要美观

无论多媒体课件多么普及，或者你的老师是否使用板书，身为教师，一手工整、美观、大气的板书是基本素养，也是提高美感的关键手段。但要注意书写时，避免长时间背对评委，可以采用精简内容或侧对受众边写边口授的方式。而对于多媒体课件则要注意两点：一是不要连篇累牍打文字，造成满眼满屏是文字的印象，字不宜多在精，辅以图表效果更好；二是不要坐在电脑前，盯着屏幕讲解，这样会导致肢体语言缺失而缺乏交流互动。

（三）仪表要有风范

教书育人，仪表需庄重大气。声音响亮显自信，手中动作杂、脚步碎、口头禅多等要尽量避免。对于女性而言，不宜浓妆艳抹，更不宜烫发、染发、刘海遮住眼，服饰要穿正装且做到清清爽爽，给人以典雅、平易近人的感觉。男士则要穿正装、白衬衫、皮鞋、打领带、配手表，给人以挺拔、阳刚之感。当然，淡淡的微笑为必备之物。

（四）实事求是乃根本

在试讲过程中，说的所有话，回答的一切问题都要实事求是，因为你的任何说法，都可能引起专家的关注，甚至启用"背景调查"加以验证。其中，包括专家询问你："除了参加我们学校的试讲，你是否还参加其他高校的试讲？"或者"除了向我们学校投了简历，是否还向其他高校投了简历"等。此时，你的回答一定要实事求是，因为"世上没有不透风的墙"，也没有什么"老死不相往来"，这个"圈子"太小了，不经意间就会"互通有无"。此外，在个人简历中，也要做到实事求是。

（五）言语要谦虚

台下的受众都是相关领域的专家，他们对教学指导、论文发表、期刊水平、投稿难度、课题类型、经历经验等可谓如数家珍。因此，发言中要始终保持谦虚，避免专家产生反感。比如，你是有一些文章发表，中文的发表为普刊或普通C刊，英文的发表则为非主流期刊，甚至均为开源期刊，而你却对什么权威发表、什么SSCI期刊等侃侃而谈、兴奋不已，这些都要尽量避免出现。

第六节　高校青年教师有效应对"非升即走"制度的举措

从个人、朋友及同事的经历来看，高校教师①需要经过以下经历并成功越上

---

① 进入高校前，博士生的人生轨迹大抵相同：早年勤奋刻苦，在同龄人中保持着优异的成绩，从重点中学到名牌大学，一路读硕读博，拿着沉甸甸的学术成果走进高校，成为一名大学教师。即使是在1999年"大扩招"之后的今天，能够在漫长的求学之路中走到最后，取得博士学位并通过高校教师岗位遴选的人也寥寥无几，因此他们无疑是佼佼者。

每个台阶才能算真正地稳定下来：博士毕业（博士后出站）+就业高校+生儿育女+发表权威论文+中标基金（国家级）+晋升副高+购房+买车。

上述台阶的先后顺序可能会有所不同，但每位高校教师均需迈过。每个台阶都是人生中的关键，特别是身处北上广深等一线城市的高校教师。可能有人会认为上述台阶中，买车的重要性和难度不能与购房、评副教授、生儿育女等其他历程相提并论，但以北京为例，实行的是"小汽车车牌摇号"制度，2020 年每轮摇号的中标概率约为 1/3000，精确算来，与福利彩票的中奖概率有的一拼；并且以笔者为例，已经参与汽车摇号 9 年了，仍没摇中。事实上，这是一项耗资巨大的漫长工程，需做到心中一份理想，外加一项规划，并做到积以跬步，才能有所成就。但也需谨记，时间不是无限的，晋升副教授是由高校实施的"非升即走"政策所决定。因此，无论是在动机、心理、态度及行为上，都应有所认知，以下六个方面可供参考：

一、思想上做好清贫准备

青年教师既辛苦又清贫，是真的没钱、没资本，不是那种"饿肚子"的穷，而是在同龄人中，如朋友、同学，甚至毕业的学生收入都比你高，而且是高很多。并且，这种生活状况会持续 10 年，甚至更长时间，直至晋升副教授和教授后，才会有根本性的改变。所以说，青年教师抑或是立志成为高校教师的博士们要有"板凳要坐十年冷"的耐力和能力，也要有"仰望星空、紧跟时代"的格局与胸襟，这是一个知识分子应有的精气神。无论是科学攻关、调查研究，还是教书育人、著书立说，遵从的都是"欲速则不达"的原理。大多时候，"速成"反倒可能导致"速朽"。因此"人向静中忙"，就是要我们"越是等不起，越要坐得住；越是慢不得，越要沉住气"。事实也证明，只要怀着"火热的耐心"，保持"深沉的豪情"，再大的浪头也能驶稳，再冷的板凳也能坐热。

二、教学是根本

教学是根本，也是个"无底洞"，投入多少精力都不嫌多。目前，国家日益重视高等学校的教育教学工作，特别是本科教学，但国内高校的教学基本还是一个良心活——更多的是教师从对得起学生、对得起职业、对得起国家出发。虽然很多高校有了学评教，但仅将教学作为一个门槛——做到没有教学事故就不会影响职称晋升，而职称评审还是看科研，科研是能否"上岸"的关键，也是考核瓶颈，这意味着教学要量力而行，不要认为你能讲授就全揽下来，教学远不止讲台上的那几个小时。此外，环境对讲授难课的教师也不太友好，因为学生常常因为学不懂而对你评价不高，并且教学评估是一件特别难评估的事情。有时给学生讲讲段子，跟学生聊聊天，这些技巧都可以在不帮助学生"真正"提高的基础上，增加教学的好评度。但这是"损招"和"歪理邪念"。因为 Braga 等（2014）研究发现，学生打分越低，他们后来其实学到的越多（Better teachers receive worse student evaluations）[①]。作为青年教师，教学上可以多向老教师、老前辈学习，多低头、勤讨教，学做人、学做事，特别是向那些有人品的老师学习。需记住，作为青年教师，在学生中有个较好的名声很重要，牵涉到以后带研究生和本科生，所以要好好教书，加强备课，重视教学质量。

三、职称上要按部就班不延后

首先，要与人事沟通，拿到本单位职称评审文件，清楚了解副教授申报要求。一般而言，需要有国家级青年基金项目，需要看一下本学校的自然科学基金和社会科学基金申报资助率，低于22%的要小心，申报时要多下功夫，请有经验的前辈帮忙规划和审阅一下。

其次，了解申报副教授的破格条件。有时这些不会在文件中明确，但确实有破格的情况存在，了解这个就能让你尽早晋升副教授。副教授就属于高级职称，可以跨过很多门槛，解决很多问题，诸如参加社会服务（竞标横向课题、评标、讲座、专家顾问等），有高级职称利于搭建团队、增加收入，有助于买房子，有房子就能有获得感，有获得感就会增加幸福感，都是顺理成章的事，从而形成良性循环。

四、团队要自主搭建

（一）不指望别人培养自己的队伍

很多人以为跟了一个团队，团队领导就会管到底。实际上现在的很多团队领导是20世纪五六十年代生人，特定的时代就导致其本身具有很多的历史局限性，比如，缺乏严谨的科研训练（硕士博士是在职读取的），而且学问粗糙、眼高手

---

① 一些毕业的大学生往往对这样的教师有如下评价：回想自己上大学的时候，也着迷于一些有名的教师，但现在回想起来，不少也只不过是个大娱乐家（Entertainer）。他们有趣的段子很多，但我实际学到的硬通货并不多，倒是一些朴实无华的老师，虽然当时让我有点咬牙焦虑，却实实在在地让我学了些东西。

低，吃过苦日子因而看钱较重、小气，科研体制机制不完善而行政作风浓厚、忙于社会性事务且经常见不着面，以及团队人员较多等，所以不要反指望领导。如果碰到优秀的学生，当然是一种幸运。而且一个好用的本科生，往往能省很多事儿，将其当研究生培养，毕业后如果能招致麾下，也算近水楼台、知己知彼，体现了学生培养的延续性，有利于以最短的时间搭建自己的研究团队。过程中要尊重学生，把学生当成自己的弟弟妹妹呵护。

此外，也可以通过与其他老前辈或老教师合作（由于知识体系、结构，以及精力的原因，已不能很好地指导和培养其研究生的学术素养和能力，特别是计划考博并期望进入高校工作的学生），帮助他们培养其研究生，比如，通过学术指导、研究设计、经费支持、数据获取与分析、论文撰写与修正、R&R 等举措使研究生快速成长为学术小能手，并进一步帮助和推荐他们成功考博，从而形成长期的合作关系。这也是一种以自我为中心的研究团队搭建方式，且效果不错，因为老前辈容易招到好学生，他们往往排名数一数二，这些研究生的目标非常明确，且具有较高的综合素养以及吃苦耐劳的精神。

（二）充足的经费是团队产出的必要保障

因为从事科学研究从来就没有经费充足且用不完的时候，反倒永远是经费不够用。因此，各级各类课题都要积极申报不落空，既包括国家级、省部级的纵向项目，也包括厅局级和校级的纵向项目，甚至某些不牵扯太多精力的横向课题也应该包括其中，这些项目的经费资助额度或多或少，但积少成多，就能够汇聚成较为充分的经费供团队使用。可能使用经费较多的地方包括硕博研究生的劳务费，问卷调查及数据获取费，分析工具购置费，团队组会费，餐费及交通费，学术会议注册费与差旅费，英文稿件的润色费（Proofreading 费用），打印机、电脑及软硬件租赁与购置费，专家费，文章版面费，专著出版费等。可见，科研团队需要使用经费的地方很多。

例如，笔者团队的一名博士研究生最近进行的一项研究，前期涉及研究设计、量表筛选与问卷设计、问卷调查与数据获取（2021 年 6~9 月），该项研究进行两个时间点的追踪问卷调查研究，设计样本量为 500 份（第二轮会对 500 份继续进行问卷调查），通过问卷调查公司（北京易数模法科技有限公司①）收取问

---

① 这是我们第一次通过问卷调查公司获取数据，我们不确定，通过该问卷调查公司获取数据，是否很贵以及数据质量如何？以往我们团队均是通过个人人脉自主联络相关行业企业的高级管理者或 HR 部负责人，以便在其公司进行问卷调查。接下来我们团队将通过其他数据公司继续进行其他问卷调查，这将给我们答案，但我们相信在保障质量的前提下，较低的数据获取费用，是有利于众多的科研团队将通过数据公司获取数据作为首选，而不是自己去进行问卷调查。

卷数据，数据回收费用包括问卷费（份）、服务费（份）就得 4200 多元，两轮回收就需要 8400 余元。这份问卷的初步设计是计划出一篇 CSSCI 或 SSCI 权威期刊论文和一篇普通的 CSSCI 或 SSCI 论文，且这份问卷数据仅仅是一名博士研究生的研究使用数据，要知道团队内的研究生可不止一名。因此，经费是否充裕，将直接决定团队研究的可持续性，研究成果的质量和数量，以及硕博研究生的培养质量。

五、工作上勿过早涉足行政

一般而言，学术做得非常棒的教师不会考虑或在短期内（7~10 年）① 不会考虑担任行政工作，因为他们热爱学术科研，并且认为科研才是一名高校教师是否能够职业稳定和学术长青的关键，也可能是感觉自己不适合行政工作，因此会集中精力优先追求职称晋升和学术头衔。当然，也有教师愿意去兼任行政工作，他们认为这利大于弊，如可以获得行政权力、岗位/行政补贴、获取内部信息、参与资源分配决策、人事决策权、学生党员干部的决策权、学生青睐（学生选导师时，一看学术头衔，二看行政职务）、对外联络多元化（专业领域以外）、培养团队信任、抛头露面的机会、与上级领导的接触机会等。但不足之处则是行政事务具有内容繁杂、工作耗时、时间不自由、缺乏成就感（不像中标国家级课题、发表顶级或权威论文的那种自豪感和成就感）等，这会极大地影响和干扰教师的学术时间和精力的投入。教师在科研和行政两方面都强的，实在是不多见。正如前文所述，科研是需要全身心的投入，才能小有所成。特别是对一些刚踏入高校职场的青年教师而言，工作开始没多久就开始做行政，是不能好好地花时间和精力读文献、论观点、思研究、写文章、申课题、厚积累的，更何况能投入教学工作中，这是值得怀疑的。俗话说"学而优则仕"，但反过来，我们还真没见过。

六、科研上要始终如一

（一）论文和项目是两大重点

论文和项目是高校里最重要的两点。目前，几乎所有的高校在晋升职称、人才帽子，抑或是其他的评奖上都用这两项作为硬指标。如果文章质量不高、数量不够，职称想都别想，没有项目，特别是高层次课题（国家级），在学校就没有

---

① 在这段说长不长说短不短的时间内，尽快地提升自己的职称。通常情况下，会完成副教授和教授的晋升。

"学术地位"，也不可能获得研究经费的持续性支持，不断地出精品文章，即尽力做到"好文章"助力申请"高层次课题"，而"高层次课题"的获批又支持"精品文章"的研究和发表，从而形成良性循环。

（二）基金项目申报要趁早

国家自然科学基金、国家社会科学基金、教育部基金、各省市自治区的自然科学基金及社会科学基金等青年基金项目是为加大对青年教师的资助概率以鼓励和保障他们专注于科研，并走好走稳学术生涯的第一步。因此，相较于一般或面上项目，青年项目对课题要求的前期研究成果、团队成员、依托单位来源等要求并不高，更加看重申请人的教育背景及课题研究设计的研究意义和创新性。同时，很好地避免了与知名高校学术大佬、拥有高级职称及良好研究基础的申请者、优秀的研究团队进行直接竞争，因为近几年国家级基金面上项目或一般项目的竞争极为激烈。

此外，青年教师应趁早申请青年基金项目，以便在项目的支持下走上学术研究正轨，否则将很难申报获批一般项目或面上项目。当然，并不表明没有青年项目经历就绝对中标不了面上项目，只是会让人质疑是否有能力和经验完成规模和难度更高的面上项目罢了。相对而言，国家博士后基金一般项目较为容易中标，而博士后基金特别资助项目则较为困难，因为获批数量较少和比例较低，在一些高校博士后基金特别资助项目会被认定为省部级项目。

需谨记，永远没有思考完全透彻的项目申报书。无论什么项目，一定要争取申请，不耽误每一次机会。因为，0 乘以任何事为 0，不申请就是 0。

（三）学术论文要有规划

现在国家科研导向明确，重档次降数量。但不幸的是，青年教师的文章档次数量都是需要的，因为在职称晋升时，不仅看文章的档次（如 A1、A2、A、B…），也看文章的数量。这就意味着你每年要规划好冲顶刊和权威期刊的工作，但是冲失败了没文章也不好，你还要准备好兜底的。另外，顶刊及权威期刊从投稿到顺利出刊少则一两年，多则三四年，这还没将文章的研究设计、数据收集与分析、论文撰写的时间包含在内，可见高质量的文章发表周期是非常漫长的，如果选择了两个聘期的"非升即走"模式，这就需要青年教师从博士生期间就要有良好的学术规划和持续性的学术撰写，以备为后来的讲师阶段做准备。俗话说"让子弹飞一会儿"就是要多撰写一些文章投出去，以便几年后要用时，有存货，即让文章稿件从投稿到录用再到出刊多飘一会儿。

另外，在读博或做博士后时，一些科研思想或多或少与导师有关，并且论文有导师把关和加持，基于导师的平台和资源更容易发表。相反，独立工作后面对新的研究，没有导师做依靠、团队供支持、关系可利用，文章的发表和课题的申请会难上加难。这就是为何圈内流行一句话"比读博士更难的是做一名高校青年教师"。因此，青年教师对科研要有一个良好的规划。

以首都经济贸易大学为例，凡是涉及职称晋升和人才帽子，算数的课题只有省部级以上的纵向课题，而算数的期刊文章只有中文 CSSCI 期刊中的几本权威期刊和英文的主流 SSCI 期刊文章（学校科研处有一个重点期刊清单），将他们折算成个数，有一个算一个，因此既要求文章和项目的层次，也要求文章和项目的数量，缺一不可。

（四）学术独立学术判断（品位）很重要

虽然学术圈有一条定律"科研倡团队，鄙视独打斗"，但是在晋升副教授时，尤其是教授之前，科研更多是个人的事情，因为此时的你缺乏团队、经验、经费、场地、关注等资源支持，你就应该具备完全靠自己（by yourself）就能从事全部研究工作的知识、技能和能力，诸如研究与实验设计、数据收集与分析、论文撰写、投稿与 R&R（Revise and Resubmit）等。

此外，"美丽"的研究方向很多，但是转方向的成本也很大，即沉没成本很大。比如，我们常常会认为自己课题的前景不是很好，遂花很多时间学习其他方向的知识，这反而丢掉了自己的先发优势，因为你毕竟在原来的研究领域投入了大量的时间和精力，也或多或少取得了一些研究成果和影响力。如此的话，很多我们最先研究的问题反而被别人超前做出结果了。现在学术论文内卷很严重，在新方向发文章你肯定跑不赢别人，所以要打造自己的特色和专注一条研究路线，不要追热点而不断地调整研究方向。

第八章　高校及主管部门的应对举措

从 2021 年以来，社会上关于我国高校中青年教师"非升即走"的争论中不难看出，相关试点高校日渐暴露出来的职称晋升与科研成果评价问题、科研为主与评价导向问题、制度设计与配套保障问题等值得深思，该制度中确有需要亟待完善的地方。

但需关注和明确的是，大学老师本质上从事三个方面的工作：教学、科研和社会服务，缺一不可。其中，科研是少数最优秀的人才做的事情，大学的机制就是要把最优秀的人引进来、留下来。因此"非升即走"制度是必须的，引进来的人，是否适合做科研，有没有能力做科研，需要一个筛选机制，这是一流大学的标配。指责大学筛选的人不了解大学的本质，大学的本质就是求真，科研工作本来就不是适合所有人，只有那些最富创造力、想象力、最有科研精神和最努力的人，才能留下来，也才能行稳致远。因此，作为高校及主管部门需要高度关注高校青年教师的"痛点"，特别是"非升即走"制度制定和实施过程中存在的不足及需要完善之处。

第一节　我国高校"非升即走"制度制定与实施过程中存在的主要问题

一、职称晋升和科研成果评价体系存在问题

人事制度改革背后，起决定作用的还是高校的职称评定体系。实际上高校职称晋升的标准比较难以把握。主要体现在以下三个方面：

第一，评审过程不严谨，评价标准"一刀切"。国内高校职称评定普遍采用"评审制"，在评审过程中影响投票结果的因素较多，除学术水平外，人情关系、名额限制、相关利益、行政干预等都会影响结果，校内同行评议容易流于形式，

难以作为可靠依据。不同学科背景的人用同一把尺子来衡量，评审变成了数项目、看论文，不同专业的评审专家在评价时也存在认识偏差，有限的晋升指标经常成为不同学科、专业之间的平衡分配。在评价过程中由论文、职称等支撑起来的"升"，其科学性存疑。此外，国内高校由于受岗位编制、政府拨款等约束，虽然也采取名额制，高校教师的预聘期考核普遍存在着竞岗现象，预聘期教师首个聘期通过率较低，受限于晋升指标，晋升标准会随着新进教师的水平升高而"水涨船高"。

第二，科研成果评价细化分类不足。对于教师的多元评价机制尚不成熟。自然科学与人文社会科学在研究路径和方法上差异较大，工、理、管、文等学科评价有别，短期内对科研成果数量的考核并不适用于所有学科门类，"一刀切"的粗放评价方式并不科学。并且高水平期刊发表周期较长，学术长周期的知识生产规律与市场追求效率的规律存在矛盾，近些年不断被提及，也时常困扰高校、领导及教师的问题：基础研究（科学）与应用研究（工程）的争论①，甚至有些高校领导竟然在不断地呼吁老师要多做应用研究，以服务于地方政府，而不是以国家为平台背景进行研究，因为领导认为国家离他们"太遥远了"，如何进行有效评价成为难点；某些立足本土研究的专业学科，并不适宜用国际通用评价标准来衡量。因此，部分专业学科是否应该适时设计、采用和实施"本土化"的绩效评价指标和标准，是应该进行尝试的。

第三，科研成果评价方式急功近利。如果科研成果评价机制有问题，其结果导向也难以保证其科学性，甚至"适得其反"。"非升即走"制度的试用期有时间限制，教师需要在限定时间内发表一定数量的论文和完成一定数量的科研项目。在给定的时限内，完成定量的科研任务指标，青年教师存在较大的科研竞争压力。刚性要求也容易导致青年教师过度追求论文发表数量而忽视质量。为了保饭碗、争待遇、升职称，处在预聘期内的青年教师会将主要精力投入科研工作中，拼命发文章、拿项目、争经费。近几年，涉及高校青年教师论文发表载体的功利化、商业化，乃至科研造假、学术不端的案例屡见不鲜，这与评聘制度的漏

---

① 狭义而言，科学代表人类对于知识的最高水平，工程代表人们以科学为基础，生产力所能达到的水平。后者更是我们每一个人所应该追求的，因为与经济利益更直接相关。广义而言，科学中包含各种实验手段，工程必然是其中的一小部分可用于符合经济规律的应用推广，例如，工业化大生产的方式。目前，从中国的情况来看，政策导向更加倾向于工程应用，在经济实力提高的情况下或者被国外在关键技术领域"卡脖子"时，也许会为了"面子"重视科学。但科学传统的建立，不是一朝一夕，中国科学传统的底子太薄、太弱。

洞不无关系。此外，科研成果"清零制度"也有待商榷①。国内职称评定看重"阶段性"产出，对前期的成果积累认可度不够。这种制度的限制就可能存在突击发表，前期积累一些成果等待评职称，等职称评完了会出现"后劲不足"。"非升即走"制度在某种程度上变相延长了试用期的长度，对于通过考核顺利晋升的教师来说，聘期考核的压力会减弱，可能也会变的"懒惰"起来。例如，一旦成为正教授，大都会松一口气，甚至一到几年时间都止步不前，只守护着"正教授"（四级教授）的头衔而不为更高的学术台阶所动，这可能就是经常出现的"晋升正教授后的惰性现象"②。当然，对于大多数正教授而言，依照惯性前行乃是常态，还有更多的学术台阶等着去努力，如三级教授、二级教授、一级教授，以及杰青、长江学者、院士头衔等。

当然，我们也相信，不少人在成为正教授后的一段时期会产生困惑，也会思考如何确定自己今后的奋斗目标③。因为有些人成为正教授后开始感到多年的研究领域看上去不那么吸引人了，继续坚持可能是一条死胡同。未来自己的时间与精力要被用在哪里？值得我们深思。

首先，是否有趣成为主要前提。这比较重要，因为当年之所以进入学术界，无论对学术是否真的感兴趣，大家都会俯下身子投身教学科研。这既有"不得已""被迫"的成分，也有"对学习和研究对象的兴趣与热爱"。晋升教授后，知识世界之门会彻底向我们敞开，可以随心所欲地选择学术领域，真正地做自己的研究。既可以在自己原来或相近的领域继续深耕做出更大成绩，也可以完全转向全新领域，获取超出自己原有的兴趣与爱好。总之，晋升后，我们可以去研究真正喜爱的学术领域，因为只有热爱，才会觉得阅读、写作、培养学生和从事的学术研究其乐无穷。

其次，是否与自己深切向往的事务有关联。很多时候尽管现有工作并不令人感兴趣，也不会有新的研究领域增长点，但却让我们有机会针对自己所深切关心的事务去表达个人观点，推动某项运动，倡导某种主张，而这些都值得我们花时

---

① 目前，各个职称晋升阶段都实施"科研成果清零"制度，只有正教授的三级晋升二级时，四级教授后的科研成果都认可和算数。

② 惰性现象，主要表现为被动工作、工作业绩平平、缺乏积极性、主动性和创新精神。例如，从年龄看来，多发生在年龄处于某个临界年龄段的人员中；从级别来看，多发生在达到一定级别或职称后的人员中。

③ 2019 年 1 月 6 日《美国高等教育纪事》发表了美国俄亥俄州玛瑞埃塔学院（Marietta College）历史教授麦克丹尼尔（Kathryn N. McDaniel）的文章《你是正教授了。现在该干嘛？/或然后呢?》（*You are a Full Professor. Now What?*）

间和精力投入其中。因为作为一名教授，不仅意味着你拥有丰富的经验，更意味着可以让自己所处的地位与所拥有的制度权力能够发挥积极作用。例如，为学校或者校外机构以及当地社区提供服务，成为推动某个细微领域发展进步的砖与瓦①。

最后，是否拥有足够的成就感与获得感。对多数人而言，若不做行政工作，则较少有事务能够满足自己内心深处那种再度提升的愿望。能够找到令自己感到骄傲与自豪的工作，将成为学者的一个重要选择。对学者而言，学术发表、成果出版、课堂教学、硕博生培养、行政管理、机构讲座、游走世界、公共事务等，都可能成为我们感觉既充实又有意义的工作。

二、科研为主与教学评价导向存在问题

在人才引进过程中，高校比较看重青年学者的科研能力，起决定作用的还是学术论文和科研成果。但科研能力强并不能说明教学实践能力好，专心科研的教师晋升之后如何能够熟练地授课是个问题，"研而优则教"的内在逻辑值得商榷。如果"非升即走"制度对教师的考核主要集中在科研成果上，会导致教学人才的逆淘汰问题。如果缺乏必要的教学质量维护体系和科学的学术成果评价体系，仅在形式上维持"优胜劣汰"，那么就容易导致学术研究功利化，还会引起教学与科研的双重注水，课堂教学"敷衍了事"，"学术垃圾"大量制造。忽视长远的基础研究和学科积淀，大学也会短视化、功利化和泡沫化。如果高校明显侧重于科研，会导致教师教学的热情不高，过重的教学负担又会压缩参与科研的精力，青年教师为了生存，放弃对教学过多的关注与投入，进而影响整体的教育教学质量。据了解，预聘期教师普遍反映压力较大，工作负担较重，不仅要应对科研考核，还需要负担较重的教学任务和行政事务，精力容易被分散。在"非升即走"的压力下，教学成效难以得到有效体现，教师对教学的投入通常要"凭良心""凭操守"，如何建构一种理想型考核评价方式，兼顾教学和科研，以教学水平、科研水平为均衡考量指标体系值得细细探索。当然，从客观来看，对于教育质量、教学效果考核确实存在一定难度。无论是依据考试成绩、学生口碑、成才率统计等方式都有其弊端。教师对学生施加的长远影响也无法量化评价，教育教学的成效评价很难短期衡量。

---

① 在美国的一些高校，当一位学者晋升为正教授时，一般会收到来自教授评审委员会的一封信，会要求教授牢记："正教授"这一角色其实意味着对学校事务与学校管理工作承担起更多的责任（中国科学报，2019-01-16）。

三、制度设计与配套保障存在缺陷

从国内外的实践经验来看，在人事制度的改革中鼓励竞争、促进流动确实具备一定的合理性，但人事制度的改革不能操之过急，高校需要明确制度适用范围。

第一，"非升即走"并不具有普遍适用性。由于高校办学历史、层次、定位、发展需求有较大差距，不同类型的高校采取的人事制度措施不一样。在制度实施过程中，要兼顾好教学与科研、效益与公平、当前与长远、局部与整体的平衡，要避免"一拥而上"盲目采用。例如，中国农业大学是为数不多且未实施"非升即走"举措的"双一流"高校。时任中国农业大学校长柯炳生曾撰文分析了"非升即走"制度的利弊与国内推行的顾虑，政策的制定和落实的连贯性难以保证，容易出现历史遗留问题。高校的发展有其自身的特点和规律，对于以教学为特色的高校不适宜该制度，在科研上相对欠缺，但授课能力很强的教师，可以考虑转岗到一些以教学为特色的大学任教。又如，中国青年政治学院并未实行"非升即走"制度，学校更加注重教学，一方面，教师把更多时间放在教学上；另一方面，"非升即走"制度并不适用于全体教师。在欧美高校的全职教师中，已经获得终身教职（长聘教授与长聘副教授）的教师比例为 65%~75%，而非终身教职序列的教师占比则为 25%~35%。非终身教职序列的教师包括两类，一类是教学职位，另一类是研究职位。教学职位的基本职能是教学，聘用合同比较灵活，期限不等，可不断续签，不存在"非升即走"问题；研究职位的基本职能是科研工作，只要科研经费足够就可以留人，也无须"非升即走"。

第二，国内高校缺乏人才自由流动的氛围。不同高校对于"非升即走"的标准并不统一，人才自由流动的制度保障体系还不够健全。国内没有形成人才自由流动的大环境，高校也缺乏这样的传统和文化。"一聘定终身"传统观念依然影响很大，不少教师潜意识认为高校教师本身就是"终身制"，对于实施"非升即走"改革的原因并不理解。因"非升即走"而离开的教师，容易被贴上"不合格""能力低下"的标签，"分级流动""能者上、平者让、庸者下"的动态管理理念较难落地[①]。

第三，"非升即走"制度的配套保障措施不足。一些高校引才承诺往往无法如实兑现或者需要延期兑现，进入规划不明，岗位设置不清，配套保障跟不上现

---

① 正如前文所述，因"非升即走"离开的教师，很难"退而求其次"，往往会滑落到"很差很差"的高校。

实需要。例如，招生资源、科研条件、经费投入等权益保障存在一定程度的不足。在招生资源方面，预聘期教师的研究生招生受限程度不同，有的高校没有博士研究生招生资格，有的高校不能独立招收硕士研究生。科研保障不足，研究工作也会受到较大限制，青年教师很难独立开展研究，需要依靠于大的科研团队才能够顺利开展研究工作，科研成果的取得很大程度上取决于团队的水平和工作条件。

第二节　我国高校青年教师"非升即走"制度的优化路径[①]

目前，在我国高校职称晋升过程中，大量"出身名校"的优秀博士或博士后都被"拦路虎"——副教授阻挡了，各个高校已经"积压了"大量的讲师或助理教授。如何消化、吸收，抑或退出成为关注焦点。那么，什么原因导致他们成为"老讲师"呢？原因是多方面的，不可否认有其自身的原因，但更多的原因则是制度与机制导致的。

仝泽民和杨柳（2020）指出，高校优化师资队伍结构的方式有多种，可以吸引高水平人才加入，或者设置高门槛拒绝平庸者加入，抑或创造良好氛围让招聘进来的人努力工作并作出突出成绩。教师岗位的吸引力与高校名气、所在区域、待遇水平、工作条件等直接相关，拒绝平庸者加入需要设计科学的招聘程序并结合自身特色优化完善制度体系。如何发展制度优势，推动教师之间的良性竞争和有序流动，助力优秀人才脱颖而出，是高校需要深入思考的问题。

一、细化岗位分类，实行分层的"多元"考核标准

建立科学高效的职称评聘评审机制是办好一流大学、建立一流学科、创造一流成果、培育一流人才的重要举措。高校在职称评聘评审环节，应体现分类评聘管理和差异化的目标管理，设立多个维度的评价指标体系（成果指标和考核标准），探索多种类型的成果考核方式和激励办法。

第一，要对教师岗位进行全面细化分类。国内高校结合学校类型和办学特点，针对不同类型、不同层次视角实行多元评价体系，按照教学为主型、教学科

[①] 仝泽民，杨柳. 国内高校"非升即走"制度的实施情况与优化路径 [J]. 高等教育评论，2020（2）：135–143.

研型、科研为主型、社会服务型等不同类型进行分类考核评价。

第二，要改变"重科研轻教学"的评价标准。高校区别于科研院所，区别于社会大讲堂，教学是基础，科研是需要，追求教学、科研俱佳应该是高校对教师的基本要求。要引导广大青年教师潜心教书育人，必须花大力气提高教育教学质量，从教学、科研能力等各个方面考察其胜任力，实现科研与教学岗位"双促进"。根据学科发展特点，对从事基础学科、基础性研究的教师，适当放宽科研时间限制，尊重学术研究周期规律，增强考核周期的弹性；对潜心教学，广受学生好评的教师应实施保护性、包容性的政策。目前，部分高校已经开始探索设立"教学型教授、副教授""人才培养型教授、副教授"，开辟双通道、三通道等①。不过教学型和人才培养型教授的社会认可度和含金量如何，还有待时间验证。

第三，要优化评审机制，推行代表性成果评价制度。在评价过程中，应制定不同岗位教师的关键绩效指标、准入标准和流转程序，实施"代表性成果"评价机制，弱化量化考核要求，注重标志性成果的影响力、原创性、社会贡献度。此外，大学教师的管理和考核应该由独立运行的教授委员会和学术委员会进行，淡化行政评价②，将行政权、教育权、学术权分立，推进专业同行评价；评聘考核过程不仅要看重教师的学术能力与贡献，还需要参考教学能力、对院系的服务贡献等指标，由教授委员会、学术委员会制定考核标准、组织实施。

二、实行"双轨制"，允许教师在两种制度中切换

我国高校和教师的关系并非简单的合同关系，事业编制的身份可以理解为一种形式上的终身制，引入"非升即走"制度是希望打破这种格局，是部分打破，仅仅针对年轻教师的前六年，两个聘期。因此，高校在推进人事制度改革的过程中还要深刻认识到中国特色与国际比较，不能"只知其表，不知其里"，高校作为规则的制定方，要充分考虑国内教师职业发展过程中面临的现实困难，不能将"非升即走"制度变成科研成果的"收割器"③。为了解决这个问题，目前大多数高校在政策落地推广过程中执行两套制度，采取"新人新办法、老人老办法"，

---

① 实事求是地讲，除非是"纯教学型/人才培养型教授、副教授"（毕竟在整个高校的教师队伍中，仍占极少数），其他占教师多数的教学科研岗、科研岗教师仍需要过硬的科研成果才能突破"非升即走"这道门槛，无论延长考核时间与否。

② 二级学院学术委员会要召集学院各学科专业的学术带头人、学术人才等正教授组成，剔除行政管理人员，更多地要以"师德师风""教学水平"（无教学事故）"学术影响""科研能力""代表作水平""高层次成果数量"等指标和标准进行评价。

③ 如前文所述，目前国内部分高校正在将"非升即走"举措当作科研成果的"收割器"，并且还不在少数。近年来，媒体也在反复报道。

一套是"非升即走"制度晋升体系，另一套是传统职称聘任晋升体系。可以理解为聘任晋升的"快车道"和"慢车道"。实施新老办法并存的"双轨制"，即保留有的"师资博士后+讲师"的体系，与此同时，根据学科发展需要和岗位设置情况，面向国内外公开招聘专业教师试行"非升即走"，而本校现有的博士后、师资博士后、讲师也都可以进入该序列。实行"双轨制"的优势在于，既能够吸引具备发展潜力和学术自信的外来人才，又可以兼顾本校教师利益，同时与现体制相互兼容，适当控制引进预聘制人才的数量，并不会过多影响现有的学术资源分配。目前，国内试点的高校，有些通过资源的配置调整已经允许专任教师在两种制度中切换。可以预见，"非升即走"制度与传统职称聘任体系将长期共存。与此同时，教师选择高校除了待遇方面的因素外，还涉及户籍、编制等诸多因素的考量，如果仅采取预聘制的方式，而不解决户口或不纳入编制，对人才的吸引力度也会减弱；如果采取解决户口并纳入事业编制内，那么，按照目前的事业单位人事政策，解聘阻力较大，在"走"的方面，牵涉的因素较多。因此，现阶段建议由"非升即走"变为"非升即转"，在校内完成岗位类型转换。

三、及时填补漏洞，完善制度配套保障体系

我们需认识到没有一项制度改革是轻而易举、一劳永逸的。国内高校的人事制度改革的顺利推进，不仅需要制度设计本身的不断完善，还需要全社会共同营造浓厚的氛围，更需要配套服务保障体系、监督制约机制、健全的申诉机制、完善的退出机制等。

第一，认清制度的适用范围，提高审核通过率。高校在实施人事制度改革的过程中，需要认清现有制度的漏洞，不能盲目实施新制度，搞"大跃进、一刀切"，要立足学校发展实际，更好地发挥制度的实用性。相较而言，"非升即走"制度比较适合教学科研岗教师，尤其是在高校主流学科中同时承担教学和科研工作的教师。国内高校要立足发展定位需要，认清制度的适用范围。对于已经实行"非升即走"制度的高校，需要进一步放宽进入指标限制，从"有限名额"到"无限名额"转变；提高办学自主权，明确晋升标准，只要申请者达到了晋升标准，原则上就可以晋升。

第二，共同营造人才自由流动氛围。"非升即走"制度的顺利实施需要有人才自由流动做支撑。多年来，国内高校人才流动率低于3%（前述也已经提到过，相对于企业的人员流动/市场人员流动），虽然科研出众的教师相对容易流动，但普通教师的流动较为少见。欧美高校之间、不同国家高校之间教师流动较为常

见，高校人才流动率在 20%左右，因"非升即走"离开的教师，仍然可以选择其他高校（而在中国，情况则很不乐观，因为在中国一旦考核不合格或者"非升即走"导致的流动或被辞退，将致使教师"滑落"① 到层次极低的高校，甚至找不到高校就业）。高校和教育主管部门需要携手完善制度设计，促进人才在高校间的自由、合理、有序流动。

第三，不断完善制度的配套保障措施。高校自身平台对青年教师自身成长和科研成果的取得也会有较大影响。在预聘期间，高校需提供较好的资源，充分保证发挥学术潜力的外部条件，给予新引进人才足够的资源支持和实践保障，包括相对较高的薪酬待遇、较优的科研启动经费、足够的研究生招生指标、相对较好的办公和实验条件等。具体地，在招生资源上，放宽招生指标限制，对处在"非升即走"阶段的教师进行倾斜，保障预聘制度教师独立申请科研项目，独立招收研究生的权利；在经费投入上也要适当倾斜，建立完善的分层级薪酬体系，充分发挥薪酬绩效的引导作用，在单位内部经费上实现差异化管理，让"多劳者多得""承担高风险者得到高回报"。此外，国外的助理教授在获取科研场地、实验设备、项目申报等学术资源方面与教授相当，在这方面的支持上国内也有努力的空间。

四、高校青年教师心理压力管控与调试

调适是维持社会正常秩序的一种社会互动方式，是人与人、人与社会环境互相适应的一种动态变化过程。青年教师心理压力的调适，需要社会及高校的外部管控与教师自身的内在调适（李金明，2010）。

（一）心理压力的外部管控

1. 建立完善的社会心理援助机制

心理健康越来越成为一个引人关注的社会问题。作为特殊群体的高校青年教师，保持健康的心理状态和良好的心理素质，显得尤为重要。但以往人们往往只重视教师的教育教学质量、科研成果水平，只强调教师的奉献精神与责任感，却忽视对他们心理健康的呵护。教师所经受的心理挫折缺乏诉说的场所，教师缺乏心理健康知识，又缺乏正确的心理调节手段，因而心理问题得不到及时的调适与治疗。因此，我们要借鉴国外成熟的经验，不断完善社会心理援助机制，成立正

---

① 这种"滑落"，以北京的高校为例，不是简单地被清华大学辞退流转到中国人民大学或北京师范大学，而可能是在北京根本就找不到合适、匹配或愿意接收的高校或科研院所作为下家，最终流动到京外的高校或科研院所，近几年这种例子不胜枚举。

轨心理咨询与治疗机构，充分发挥现代信息技术的优势，设立心理咨询微博、博客、网上论坛、QQ 群、微信群、公众号、网络空间等交流平台，可以让青年教师把内心的焦虑与郁闷宣泄出来，以缓释与消除心理压力。

2. 营造宽松和谐的学校心理环境

高校领导干部和管理层，应充分意识到做好青年教师心理压力管控和调适工作的重要性，并把它纳入人才管理的长效机制之中，在条件许可的情况下，可定期对教师进行"职业体检"（兰文巧，2009），把握高校青年教师职业压力心理，以便及时发现、消除和治疗不良心理症状，不断提高高校青年教师对自身心理健康状况的清醒认识，养成青年教师的自我调控能力。对于心理压力较重，甚至患病的青年教师，要给予重点关注，给予充分理解与帮助，而不要给他们简单粗暴的、贬抑性的评价。

3. 以人为本满足青年教师的合理需求

耶克斯—多德森法则表明，在任务难度较大时，较低的心理压力将产生较高的成绩（庄国萍，2005），因此高校在涉及制定新的制度时，应充分考虑教师职业的创造性特点，要从提升人的潜力出发，工作上大胆起用，科研上开拓渠道，学习上创造机会，职称评聘上开辟绿色通道，生活上尽心改善条件。总之，要尽可能满足青年教师的合理需要，消除心理失衡，使之安心工作，稳定教师队伍。

（二）心理压力的内部调适

1. 正确认识压力，以科学的机制舒缓压力

心理学家薛利指出，完全脱离压力等于死亡（杨秀玉、杨秀梅，2002）。因此，人应该在一定压力的情况下生存，适应压力对于每个个体发挥自身的潜能是非常有帮助的。实际上，每个人是不可能完全摆脱压力的。因此，对于高校青年教师来说，要客观认清压力及其反应不是个性的弱点和能力的不足，而是每一个个体都会体验到的心理现象之一。在面临外界困境时，特别要合理运用、选择，如理喻、升华、转化、合理化等积极的心理防御机制，帮助青年教师舒缓压力，保持心态平衡。

2. 客观看待自我，以乐观的心态面对压力

心理学家艾利斯认为，不合理的信念会使人产生困扰，甚至诱发神经症（谢倩、陈谢平，2007）。因此，青年教师要培养正确的自我意识，客观地看待自身的条件、所处的环境和所面临的机遇，既不狂妄自大，也不妄自菲薄，客观认清自己的不足，从实际需要出发，充分发挥个性优势，在教育教学、科学研究工作中，注意扬长避短，克服不足，在实践中不断健全心智，锤炼自我，培养乐观豁

达的人生态度，从而为自己营造一个宽松的心理环境。

3. 合理调节情绪，以科学的方法宣泄压力

不良情绪的产生往往不是由于事件本身，而是取决于人们对压力事件的看法、评价和解释，即个体独特的认知方式及其结果。因此，高校青年教师在遇到困难和挫折时，要学会换位思考，善于多角度、全方位地分析问题，养成宽容的心态。同时，也要掌握一些调节情绪的科学方法，如发泄、控制、转化等，以便宣泄情绪、转移注意力，形成积极心理暗示，最终形成良好的自我情绪调控能力。

4. 融洽人际关系，化心理压力为工作动力

心理学表明，具有良好人际关系的个人，心理健康水平越高，对挫折的承受力和社会适应能力越强（梁芹生，2005），在生产生活中会比人际关系差的人具有更多成功的机会。因此，高校青年教师要不断增强适应性，努力建立一种"和谐—友善"的人际交往圈，建立交往双方的信任感和安全感，形成和谐的人际环境，以缓解其对不愉快情境的关注及反应程度，并从友情中获得力量，增强信心，化为工作动力。

第九章　结论

能够成为一名高校教师，必须要给予衷心祝贺，应该算得上是一位幸运之人[1]。当然，我们不必过分地神话高校教师，但也不应该将其随意界定为一份苦不堪言的职业。事实上，教师就是一份职业，如果外加高尚的人才培养者、人类灵魂的工程师、人类文明的传承者等时代重任，我们也可以将其界定为一项事业。

笔者认为，高校教师是一份很好的职业。尽管很多人都在说高校教师这份职业"工作时间长""职业负荷重""精神压力大""经济回报低""缺乏激情""生理健康不乐观"[2]等，而且高校教师体检异常率高达90%，亚健康现患率接近70%，甚至科研工作所带来的成就感，也更多地体现在解决一个别人解决不了的小问题，创造了一点新知识，成为某个细分小领域的专家，受到很小圈子同行的认可与尊敬，以及培养学生科研能力所带来的成就感。但如果拿全社会作参考，高校教师无论是社会地位、经济回报、人身自由，还是职业稳定性、工作成就感、工作生活平衡满意度、幸福感等，相对而言，都是不错的。

至于挫折感，科研中固然有且不少，但真不觉得其他行业就更容易。事实上，高校教师及科研行业里可能很少有人会问你，你的研究兴趣是什么？所谓的研究兴趣，极大可能是受到省部级以上纵向课题导向性的影响。肯定很少有公司在招人时会问你，你在这个岗位上的兴趣是什么吧！尽管社会上每个人都是戴着镣铐跳舞，但高校教师行业仍是个自由度[3]相对较大的行业。

我们常常会听到"当教授是个很辛苦的职业，辛苦程度仅次于做一个创业公

---

[1]　2018年以来，深圳中学官网每年都会发布《赴外公招××××届毕业生拟聘用名单公示》，深圳中学招聘教师都已经是清华、北大的硕士、博士，说明一个问题，清华、北大的学生都已经想通了，你还没想通吗？况且，高校教师拥有更大的自由裁量权，如人身与时间限制、研究领域、团队搭建（招生双向选择）、校外服务等。

[2]　北京大学教育学院研究员鲍威认为："高校教师总体生理健康状态不容乐观，且呈逐年加重趋势；多重职业负荷也对他们生理疾病检出率产生不同程度的显著影响。"2021年中国教育发展战略学会高等教育专业委员会年会暨"十四五期间高等教育强国建设建设专题研讨会"。

[3]　自由度可以用自由裁量权（Discretion）这一专业术语表达更为精确。

司"。对笔者而言，对这些抱怨教授职业辛苦的人没有什么同情心，当教授确实不是一件容易的事情，但当你可以从较为"功利性"的经由博士—讲师—副教授—教授一路走来后，自由从事你认为感兴趣的研究和领域，与年轻、充满激情的学生一起工作，拥有一份不错的薪水、一份稳定的职业，尤其你还有两个假期（尽管高校教师在假期中也没闲着）让自己静下心来从事感兴趣的科学研究，笔者觉得这是世界上最棒的工作，没有什么好抱怨的。所以笔者觉得能有机会选择这个行业，其实是一件很幸运的事情。

此外，笔者也相信华为创始人任正非先生的一句话：教育就是提高全民文化素质，是党和国家的基本责任。中国要想在未来的科技竞赛中立于不败，唯有提高教育质量，最主要的还是重视教师，没有其他出路。要真正能让"国家大计，教育为本，教育大计，教师为本"形成全社会的共识，形成尊重教师的良好社会风尚。全民族全社会重视教育、重视人才、重视教师成为必由之路，要让优秀的孩子愿意学师范，让优秀的人才愿意去当老师，让优秀的博士愿意去搞研究，这样就可以实现"用最优秀的人培养更优秀的人"。

我们始终要谨记习近平同志在 2014 年教师节前夕，视察北京师范大学时所指出的：一个人遇到好老师是人生的幸运，一个学校拥有好老师是学校的光荣，一个民族源源不断涌现出一批又一批好老师则是民族的希望。

参考文献

[1] Abele, A. E. , Spurk, D. , & Volmer, J. The Construct of Career Success: Measurement Issues and an Empirical Example [J] . Zeitschrift für Arbeitsmarktforschung, 2011, 43 (3): 195-206.

[2] Adamson, S. J. , Doherty, N. , & Viney, C. The Meanings of Career Revisited Implications for Theory and Practice [J] . British Journal of Management, 1998, 9 (4): 251-259.

[3] Amabile, T. M. , Barsade, S. G. , & Mueller, J. S. Affect and Creativity at Work [J] . Administrative Science Quarterly, 2005, 50 (3): 367-403.

[4] Arthur, J. B. , & Boyle, T. Validating the Human Resource System Structure: A Levels-based Strategic HRM Approach [J] .Human Resource Management Review, 2007, 17 (1): 77-92.

[5] Arthur, M. B. , & Rousseau, D. M. The Boundaryless Career: A New Employment Principle for a New Organizational Era [M] . New York: Oxford University Press, 1996.

[6] Arthur, M. B. , Khapova, S. N. , & Wilderom, C. P. M. Career Success in a Boundaryless Career World [J] . Journal of Organizational Behavior, 2005, 26 (2): 177-202.

[7] Aryee, S. , Chen, Z. , Sun, L. , & Debrah, Y. Antecedents and Outcomes of Abusive Supervision: Test of a Trickle-down Model [J] . Journal of Applied Psychology, 2007, 92 (1): 191-201.

[8] Atkinson, J. W. Motivational Determinants of Risk-taking Behavior [J] . Psychological Review, 1957, 64 (6): 359-372.

[9] Bakker, A. B. , Tims, M. , & Derks, D. Proactive Personality and Job Performance: The Role of Job Crafting and Work Engagement [J] . Human Relations, 2012, 65 (10): 1359-1378.

[10] Bandura, A. Social Cognitive Theory: An Agentic Perspective [J]. Annual Review of Psychology, 2001, 52 (1): 1-26.

[11] Baron, R. M., & Kenny, D. A. The Moderator-mediator Variable Distinction in Social Psychological Research: Conceptual, Strategic, and Statistical Considerstions [J]. Journal of Psychological and Social Psychology, 1986, 51 (6): 1173-1182.

[12] Baruch, Y. Career Systems in Transition: A Normative Model for Organizational Career Practices [J]. Personnel Review, 2003, 32 (2): 231-251.

[13] Baruch, Y., Grimland, S., & Vigoda-Gadot, E. Professional Vitality and Career Success: Mediation, Age and Outcomes [J]. European Management Journal, 2014, 32 (3): 518-527.

[14] Berg, J. M., Grant, A. M., & Johnson, V. When Callings Are Calling: Crafting Work and Leisure in Pursuit of Unanswered Occupational Callings [J]. Organization Science, 2010, 21 (5): 973-994.

[15] Boudreau, J. W., Boswell, W. R., & Judge, T. A. Effects of Personality on Executive Career Success in the United States and Europe [J]. Journal of Vocational Behavior, 2001, 58 (1): 53-81.

[16] Braga, M., Paccagnella, M., & Pellizzari, M. The Academic and Labor Market Returns of University Professors [Z]. Unpublished Manuscript, 2015.

[17] Briscoe, J. P., Hall, D. T., & DeMuth, R. L. F. Protean and Boundaryless Careers: An Empirical Exploration [J]. Journal of Vocational Behavior, 2006, 69 (1): 30-47.

[18] Brown, M. E., Treviño, L. K., & Harrison, D. A. Ethical Leadership: A Social Learning Perspective for Construct Development and Testing [J]. Organizational Behavior and Human Decision Processes, 2005, 97 (2): 117-134.

[19] Buyens, D., Van Dijk, H., Dewilde, T., & De Vos, A. The Aging Workforce: Perceptions of Career Ending [J]. Journal of Managerial Psychology, 2009, 24 (2): 102-117.

[20] Carmeli, A., Reiter-Palmon, R., & Ziv, E. Inclusive Leadership and Employee Involvement in Creative Tasks in the Workplace: The Mediating Role of Psychological Safety [J]. Creativity Research Journal, 2010, 22 (3): 250-260.

[21] Chang, H. T., Feng, C. Y., & Shyu, C. L. Individual Management

and Counseling as Moderators in Achieving Career Competencies and Success [J] . Social Behavior and Personality, 2014, 42 (5): 869-880.

[22] Chang, S. , Jia, L. D. , Takeuchi, R. , & Cai, Y. H. Do High-commitment Work Systems Affect Creativity? A Multilevel Combinational Approach to Employee Creativity [J] . Journal of Applied Psychology, 2014, 99 (4): 665-680.

[23] Chiaburu, D. S. , Diaz, I. , & De Vos, A. Employee Alienation: Relationships with Careerism and Career Satisfaction [J] . Journal of Managerial Psychology, 2013, 28 (1): 4-20.

[24] Cho, J. , & Dansereau, F. Are Transformational Leaders Fair? A Multilevel Study of Transformational Leadership, Justice Perceptions, and Organizational Citizenship Behavior [J] . The Leadership Quarterly, 2010, 21 (3): 409-421.

[25] Claes, R. , & Ruis-Quintanilla, S. A. Influences of Early Career Experiences, Occupational Group, and National Culture on Proactive Career Behavior [J] . Journal of Vocational Behavior, 1998, 52 (3): 357-378.

[26] Clarke, M. , & Patrickson, M. The New Covenant of Employability [J] . Employee Relations, 2008, 30 (2): 121-141.

[27] Clore, G. , Schwarz, N. , & Conway, M. Affective Causes and Consequences of Social Information Processing. In R. S. Wyer, & Srull, T. K. (Ed.), Handbook of Social Cognition [M] . New York: Psychology Press, 1994: 1-94.

[28] Colquitt, J. Justice at the Millennium, a Decade Later: A Meta-Analytic Test of Social Exchange and Affect-based Perspectives [J] . Journal of Applied Psychology, 2013, 98 (2): 199-236.

[29] Colquitt, J. A. On the Dimensionality of Organizational Justice: A Construct Validation of a Measure [J] . Journal of Applied Psychology, 2001, 86 (3): 386-400.

[30] Converse, P. D. , Pathak, J. , DePaul-Haddock, A. M. , Gotlib, T. , & Merbedone, M. Controlling Your Environment and Youself: Implications for Career Success [J] . Journal of Vocational Behavior, 2012, 80 (1): 148-159.

[31] Converse, P. D. , Thackray, M. , Piccone, K. , Sudduth, M. M. , Tocci, M. C. , & Miloslavic, S. A. Integrating Self-control with Physical Attractiveness and Cognitive Ability to Examine Pathways to Career Success [J] . Journal of Occupational and Organizational Psychology, 2016, 89 (1): 73-91.

[32] Davis, M. A. Understanding the Relationship between Mood and Creativity: A Meta-analysis [J]. Organizational Behavior and Human Decision Processes, 2009, 108 (1): 25-38.

[33] De Vos, A., Dewettinck, K., & Buyens, D. To Move or Not to Move? The Relationship between Career Management and Preferred Career Moves [J]. Employee Relations, 2008, 30 (2): 156-175.

[34] Demerouti, E. Design Your Own Job Through Job Crafting [J]. European Psychologist, 2014, 19 (4): 237-247.

[35] Demerouti, E., Bakker, A. B. Job Crafting. In M. C. W. Petters, de Jonge, J., & Taris, T. W. (Ed.). An Introduction to Contemporary Work Psychology [M]. New York: John Wiley & Sons, 2014: 414-433.

[36] Direnzo, M. S., & Greenhaus, J. H. Job Search and Voluntary Turnover in a Boundaryless World: A Control Theory Perspective [J]. Academic of Management Review, 2011, 36 (3): 567-589.

[37] Eby, L. T., Butts, M., & Lockwood, A. Predictors of Success in the Era of the Boundaryless Career [J]. Journal of Organizational Behavior, 2003, 24 (6): 689-708.

[38] Edwards, J. R., & Lambert, L. S. Methods for Integrating Moderating and Mediation: A General Analytical Framework Using Moderated Path Analysis [J]. Psychological Methods, 2007, 12 (1): 1-22.

[39] Ehrhart, M. G. Leardership and Procedural Justice Climate as Antecedents of Unit-level Organizational Citizenship Behavior [J]. Personnel Psychology, 2004, 57 (1): 61-94.

[40] Enache, M. Examining the Impact of Protean and Boundaryless Career Attitudes upon Subjective Career Sucess [J]. Journal of Management & Organization, 2011, 17 (4): 459-473.

[41] Farh, J. L., Earley, S. C., & Lin, S. C. Impetus for Action: A Cultural Analysis of Justice and Organizational Citizenship Behavior in Chinese Society [J]. Administrative Science Quarterly, 1997, 42 (3): 421-444.

[42] Frey, B. S., & Stutzer, A. What Can Economists Learn from Happiness Research [J]. Journal of Economic Literature, 2002, 40 (2): 402-435.

[43] Geurts, S. A., Schaufeli, W. B., & Rutte, C. G. Absenteeism,

Turnover Intention and Inequity in the Employment Relationship [J]. Work & Stress, 1999, 13 (3): 253-267.

[44] Gevers, J. M. P., & Demerouti, E. How Supervisors' Reminders Relate to Subordinates' Absorption and Creativity [J]. Journal of Managerial Psychology, 2013, 28 (6), 677-698.

[45] Ghitulescu, B. E. Shaping Tasks and Relationships at Work: Examining the Antecedents and Consequences of Employee Job Crafting [D]. Pittsburgh, University of Pittsburgh, 2006.

[46] Gilley, J. W. Career Developments as a Partnership [J]. Personnel Administrator, 1988, 33 (4): 62-68.

[47] Gilson, L. L., Mathieu, J. E., Shalley, C. E., & Ruddy, T. M. Creativity and Standardization: Complementary or Conflicting Drivers of Team Effectiveness [J]. Academy of Management Journal, 2005, 48 (3): 521-531.

[48] Grabtree, M. J. Employees' Perceptions of Career Management Practices: The Development of a New Measure [J]. Journal of Career Assessment, 1999, 7 (2): 200-212.

[49] Grant, A. M., & Parker, S. K. Redesigning Work Design Theories: The Rise of Relational and Proactive Perspectives [J]. Academy of Management Annals, 2009, 3 (1): 317-375.

[50] Guan, Y., Zhou, W. X., Ye, L., Jiang, P., & Zhou, Y. Perceived Organizational Career Management and Career Adaptability as Predictors of Success and Turnover Intention among Chinese Employees [J]. Journal of Vocational Behavior, 2015 (88): 230-237.

[51] Gutteridge, T. G. Organizational Career Development Systems: The State of the Practice [M]. San Francisco: Jossey-Bass Publishers, 1986.

[52] Hall, D. T., & Moss, J. E. The New Protean Career Contract: Helping Organizations and Employees Adapt [J]. Organizational Dynamics, 1998, 26 (3): 22-37.

[53] He, C. Q., Gu, J. B., & Liu, H. F. How do Department High-performance Work Systems Affect Creative Performance? A Cross-level Approach [J]. Asia Pacific Journal of Human Resources, 2017, 56 (3): 402-426.

[54] Herriot, P., Gibbons, P. C., Jackson, P. R., & Jackson, P. R. An

Empiral Model of Managerial Career in Organization [J] . British Journal of Management, 1994, 5 (2): 112-113.

[55] Hirschi, A. , & Jaensch, V. K. Narcissism and Career Success: Occupational Self-efficacy and Career Engagement as Mediators [J] . Personality and Individual Differences, 2015 (77): 205-208.

[56] Hirst, G. , Knippenberg, D. V. , & Zhou, J. A Cross-Level Perspective on Employee Creativity: Goal Orientation, Team Learning Behavior, and Individual Creativity [J] . Academy of Management Journal, 2009, 52 (2): 280-293.

[57] Hollander, E. P. Inclusive Leadership: The Essential Leader-follower Relationship [M] . New York, NY: Routledge, 2009.

[58] Ilardi, B. C. , Leone, D. , Kasser, T. , & Ryan, R. M. Employee and Supervisor Ratings of Motivation: Main Effects and Discrepancies Associated with Job Satisfaction and Adjustment in a Factory Setting [J] . Journal of Applied Social Psychology, 1993, 23 (21): 1789-1805.

[59] Iles, P. , & Mabey, C. Managerial Career Development Programs: Effectivenss, Availability and Acceptability [J] . Journal of Management, 1993, 4 (2): 103-118.

[60] Janssen, O. , & Van Yperen, N. W Employees' Goal Orientations, the Quality of Leader-Member Exchange, and the Outcomes of Job Performance and Job Satisfaction [J] . Academy of Management Journal, 2004, 47 (3): 368-384.

[61] Jayasingam, S. , & Yong, J. R. Affective Commitment among Knowledge Workers: The Role of Pay Satisfaction and Organization Career Management [J] . The International Journal of Human Resource Management, 2013, 24 (20): 3903-3920.

[62] Joo, B. K. , & Park, S. Career Satisfaction, Organizational Commitment, and Turnover Intention [J] . Leadership & Organization Development Journal, 2010, 31 (6): 482-500.

[63] Joo, B. K. , & Ready, K. J. Career Satisfaction [J] . Career Development International, 2012, 17 (3): 276-295.

[64] Judge, T. A. , Cable, D. M. , Boudreau, J. W. , & Bretz Jr. , R. D. An Empirical Investigation for the Predictors for Executive Career Success [J] . Personnel Psychology, 1995, 48 (3): 485-519.

[65] Katz, D. The Motivational Basis of Organizational Behavior [J] . Behav-

ioral Science, 1964, 9 (2): 131-146.

[66] King, J. Career Self - management: It's Nature, Causes and Consequences [J]. Journal of Vocational Behavior, 2004, 65 (1): 112-133.

[67] Kossek, E. E., Roberts, K., Fisher, S., et al. Career Self-management: A Quasi-experimental Assessment of the Effects of a Training Intervention [J]. Personnel Psychology, 1998, 51 (4): 935-960.

[68] Krishnan, T. N., & Maheshwari, S. K. A Re-conceptualization of Career Systems, its Dimensions and Proposed Measures [J]. Career Development International, 2011, 16 (7): 706-732.

[69] Kuijpers, M. A. C. T., & Scheerens, J. Career Competencies for the Modern Career. Journal of Career Development, 2006, 32 (4): 303-319.

[70] Kumudha, A., & Abraham, S. Organizational Career Management and Its Impact on Career Satisfaction: A Study in the Banking Sector [J]. ICFAI Journal of Bank Management, 2008, 7 (1): 48-58.

[71] Laurence, G. A. Workholism and Expansion and Contraction Oriented Job Crafting: The Moderating Effects of Individual and Contextual Factors [D]. Syracuse, Syracuse University, 2010.

[72] Leana, C., Appelbaum, E., & Shevchuk, I. Work Process and Quality of Care in Early Childhood Education: The Role of Job Crafting [J]. Academy of Management Journal, 2009, 52 (6): 1169-1192.

[73] Lent, R. W., & Brown, S. D. Social Cognitive Career Theory at 25: Empirical Status of the Interest, Choice, and Performance Models [J]. Journal of Vocational Behavior, 2019 (115): 103-316.

[74] Lind, E. A. Fairness Heuristic Theory: Justice Judgments as Pivotal Cognitions in Organizational Relations Advances in Organizational Justice [M]. Stanford, California: Stanford University Press, 2001: 56-88.

[75] Lips-Wiersma, M., & Hall, D. T. Organizational Career Development is not Dead: A Case Study on Managing the New Career during Organizational Change [J]. Journal of Organizational Behavior, 2007, 28 (6): 771-792.

[76] Liu, D., Gong, Y. P., Zhou, J., & Huang, J. C. Human Resource Systems, Employee Creativity, and Firm Innovation: The Moderating Role of Firm Ownership [J]. Academy of Management Journal, 2017, 60 (3): 1164-1188.

[77] Lounsbury, J. W., Foster, N., Carmody, P. C., Kim, Y. J., Gibson, L. W., & Drost, A. W. Key Personality Traits and Career Satisfaction of Customer Service Workers [J]. Managing Service Quality: An International Journal, 2012, 22 (5): 517-536.

[78] Luna-Arocas, R., & Camps, J. A Model of High Performance Work Practices and Turnover Intentions [J]. Personnel Review, 2007, 37 (1): 26-46.

[79] Lyons, P. The Crafting of Jobs and Individual Differences [J]. Journal of Business and Psychology, 2008, 23 (1): 25-36.

[80] Mainemelis, C. When the Muse Takes it All: A Model for the Experience of Timelessness in Organizations [J]. Academy of Management Review, 2001, 26 (4): 548-565.

[81] Mathieu, J. E., & Taylor, S. R. A Framework for Testing Meso-mediational Relationships in Organizational Behavior [J]. Journal of Organizational Behavior, 2007, 28 (2): 141-172.

[82] Mayer, R. C., & Gavin, M. B. Trust in Management and Performance: Who Minds the Shop While the Employees Watch the Boss [J]. Academic of Management Journal, 2005, 48 (5): 874-888.

[83] Meyer, R. D., Dalal, R. S., & Hermida, R. A Review and Synthesis of Situational Strength in the Organizational Sciences [J]. Journal of Management, 2010, 36 (1): 121-140.

[84] Milkovich, G. T., & Boudreau, J. W. Human Resource Management [M]. New York: Irwin McGraw-Hill, 1991.

[85] Moon, J. S., & Choi, S. B. The Impact of Career Management on Organizational Commitment and the Mediating Role of Subjective Career Success: The Case of Korean R&D Employees [J]. Journal of Career Development, 2017, 44 (3): 191-208.

[86] Mor Barak, M. E. The Inclusive Workplace: An Ecosystems Approach to Diversity Management [J]. Social Work, 2000, 45 (4): 339-353.

[87] Nembhard, I. M., & Edmondson, A. C. Making it Safe: The Effects of Leader Inclusiveness and Professional Status on Psychological Safety and Improvement Efforts in Health Care Teams [J]. Journal of Organizational Behavior, 2006, 27 (7): 941-966.

［88］Ng, T. W. , Feldman, D. C. , & Lam, S. S. Psychological Contract Breaches, Organizational Commitment, and Innovation–related Behaviors: A Latent Growth Modeling Approach ［J］. Journal of Applied Psychology, 2010, 95 (4): 744–751.

［89］Ng, T. W. H. , EBY, L. T. , Sorensen, K. L. , & Feldman, D. C. Predictors of Objective and Subjective Career Success: A Meta–Analysis ［J］. Personnel Psychology, 2005, 58 (2): 367–408.

［90］Ng, T. W. H. , & Feldman, D. C. Human Capital and Objective Indicators of Career Success: The Mediating Effects of Cognitive Ability and Conscientiousness ［J］. Journal of Occupational and Organizational Psychology, 2010, 83 (1): 207–235.

［91］Nie, T. , Lian, Z. H. , & Huang, H. Career Exploration and Fit Perception of Chinese New Generation Employees: Moderating by Work Values ［J］. Nankai Business Review International, 2012, 3 (4): 354–375.

［92］Noe, R. A. Is Career Management Related to Employee Development and Performance ［J］. Journal of Organizational Behavior, 1996, 17 (2): 119–123.

［93］Pazy, A. Joint Responsibility: The Relationships between Organizational and Individual Career Management and the Effectiveness of Careers ［J］. Group & Organization Management, 1988, 13 (3): 311–331.

［94］Petrou, P. , Demerouti, E. , Peeters, M. C. W. , Schaufeli, W. B. , & Hetland, J. Crafting a Job on a Daily Basis: Contextual Correlates and the Link to Work Engagement ［J］. Journal of Organizational Behavior, 2012, 33 (8): 1120–1141.

［95］Phillips, J. M. , & Gully, S. M. Role of Goal Orientation, Ability, Need for Achievement, and Locus of Control in the Self–efficacy and Goal–setting Process ［J］. Journal of Applied Psychology, 1997, 82 (5): 792–802.

［96］Podsakoff, P. M. , & Organ, D. W. Self Reports in Organizational Research: Problems and Prospectus ［J］. Journal of Management, 1986, 12 (4): 531–544.

［97］Podsakoff, P. M. , Ahearne, M. , & MacKenzie, S. B. Organizational Citizenship Behavior and the Quantity and Quality of Work Group Performance ［J］. Journal of Applied Psychology, 1997, 82 (2): 262–270.

[98] Podsakoff, P. M., MacKenzie, S. B., Lee, J. S., & Podsakoff, N. P. Common Method Biases in Behavioral Research: A Critical Review of the Literature and Recommended Remedies [J]. Journal of Applied Psychology, 2003, 88 (5): 879-903.

[99] Podsakoff, P. M., MacKenzie, S. B., Paine, J. B., & Bachrach, D. G. Organizational Citizenship Behaviors: A Critical Review of the Theoretical and Empirical Literature and Suggestions for Future Research [J]. Journal of Management, 2000, 26 (3): 513-563.

[100] Prabhu, V. P. Proactive Personality and Career Future: Testing a Conceptual Model and Exploring Potential Mediators and Moderators [J]. American Journal of Management, 2013, 13 (1): 11-31.

[101] Rosso, B. D., Dekas, K. H., & Wrzesniewski, A. On the Meaning of Work: A Theoretical Integration and Review [J]. Research in Organizational Behavior, 2010 (30): 91-127.

[102] Rothbard, N. P. Enriching or Depleting? The Dynamics of Engagement in Work and Family Roles [J]. Administrative Science Quarterly, 2001, 46 (4): 655-684.

[103] Rotundo, M., & Xie, J. L. Understanding the Domain of Counterproductive Work Behavior in China [J]. The International Journal of Human Resource Management, 2008, 19 (5): 856-877.

[104] Ryan, R. M., & Deci, E. L. Self-determination Theory and the Facilitation of Intrinsic Motivation, Social Development, and Well-being [J]. American Psychologist, 2000, 55 (1): 68-78.

[105] Schwarzer, R., & Knoll, N. Positive Coping: Mastering Demands and Searching for Meaning. In S. J. Lopez, & Snyder, C. R. (Ed.), Positive Psychological Assessment: A Handbook of Models and Measures [M]. Wshington, DC: American Psychological Association, 2003: 393-409.

[106] Segers, J., Inceoglu, I., Vloeberghs, D., Bartram, D., & Henderickx, E. Protean and Boundaryless Careers: A Study on Potential Motivators [J]. Journal of Vocational Behavior, 2008, 73 (2): 212-230.

[107] Seibert, S. E., Kraimer, M. L., Holtom, B. C., & Pierotti, A. J. Even the Best Laid Plans Sometimes Go Askew: Career Self-management Process, Ca-

reer Shocks, and the Decision to Pursue Graduate Education ［J］. Journal of Applied Psychology, 2013, 98 （1）: 169-182.

［108］Shalley, C. E., Gilson, L. L., & Blum, T. C. Interactive Effects of Growth Need Strength, Work Context, and Job Complexity on Self-Reported Creative Performance ［J］. Academy of Management Journal, 2009, 52 （3）: 489-505.

［109］Shin, S. J., & Zhou, J. Transformational Leadership, Conservation, and Creativity: Evidence from Korea ［J］. Academy of Management Journal, 2003, 46 （6）: 703-714.

［110］Simonson, I. The Influence of Anticipating Regret and Responsibility on Purchase Decisions ［J］. Journal of Consumer Research, 1992, 19 （1）: 105-118.

［111］Spreitzer, G. M. Psychological Empowerment in the Workplace: Dimensions, Measurement, and Validation ［J］. Academy of Management Journal, 1995, 38 （5）: 1442-1465.

［112］Steele - Johnson, D., Beauregard, R. S., Hoover, P. B., & Schmidt, A. M. Goal Orientation and Task Demand Effects on Motivation, Affect, and Performance ［J］. Journal of Applied Psychology, 2000, 85 （5）: 724-738.

［113］Steger, M. F., Dik, B. J., & Duffy, R. D. Measuring Meaningful Work: The Work and Meaning Inventory （WAMI） ［J］. Journal of Career Assessment, 2012, 20 （3）: 322-337.

［114］Stumpf, S. A., Colarelli, S. M., & Hartmen, K. Development of the Career Exploration Survey （CES） ［J］. Journal of Vocational Behavior, 1983 （2）: 191-226.

［115］Sturges, J., Conway, N., Guest, D., & Liefooghe, A. Managing the Career Deal: The Psychological Contract as a Framework for Understanding Career Management, Organizational Commitment and Work Behavior ［J］. Journal of Organizational Behavior, 2005, 26 （7）: 821-838.

［116］Sturges, J., Guest, D., Conway, N., & Davey, K. M. A. A Longitudinal Study of the Relationship between Career Management and Organizational Commitment among Graduates in the First Ten Years at Work ［J］. Journal of Organizational Behavior, 2002, 23 （6）: 731-748.

［117］Sun, L. Y., Aryee, S., & Law, K. S. High-performance Human Resource Practices, Citizenship Behavior, and Organizational Performance: A Relational

Perspective [J] . Academy of Management Journal, 2007, 50 (3): 558-577.

[118] Super, D. E. Career and Life Development. In D. B. L. Brooks (Ed.), Career Choice and Development [M] . San Francisco: Jossey Bass, 1984.

[119] Tajfel, H. Differentiation between Social Groups. Studies in the Social Psychology of Inter-group Relations [M] . London, UK: Academic Press, 1978.

[120] Tims, M. , & Bakker, A. B. Job Crafting: Towards a New Model of Individual Job Redesign [J] . SA Journal of Industrial Psychology, 2010, 36 (2): 1-9.

[121] Tims, M. , Bakker, A. B. , Derks, D. , & Rhenen, W. V. Job Crafting at the Team and Individual Level: Implications for Work Engagement and Performance [J] . Group & Organization Management, 2013, 38 (4): 427-454.

[122] Tuner, J. C. Social Identification and Psychological Group Formation [J] . The Social Dimension: European Developments in Social Psychology, 1984 (2): 518-538.

[123] van den Born, A. , & van Witteloostuijn, A. Drivers of Freelance Career Success [J] . Journal of Organizational Behavior, 2013, 34 (1): 24-46.

[124] van den Heuvel, M. , Demerouti, E. , & Peeters, M. C. W. The Job Crafting Intervention: Effects on Job Resources, Self-efficacy, and Affective Well-being [J] . Journal of Occupational and Organizational Psychology, 2015, 88 (3): 511-532.

[125] Verbruggen, M. , Sels, L. , & Forrier, A. Unraveling the Relationship between Organizational Career Management and the Need for External Career Counseling [J] . Journal of Vocational Behavior, 2007, 71 (1): 69-83.

[126] Volmer, J. , & Spurk, D. Protean and Boundaryless Career Attitudes: Relationships with Subjective and Objective Career Success [J] . Zeitschrift für ArbeitsmarktForschung, 2011, 43 (3): 207-218.

[127] Wang, M. , & Wanberg, C. R. 100 Years of Applied Psychology Research on Individual Careers: From Career Management to Retirement [J] . Journal of Applied Psychology, 2017, 102 (3): 546-563.

[128] Watson, D. , Clark, L. A. , & Tellegen, A. Development and Validation of Brief Measure of Positive and Negative Affect: The Panas Scales [J] . Journal of Personality and Social Psychology, 1988, 54 (6): 1063-1070.

[129] Weng, Q. , & McElroy, J. C. Vocational Self-concept Crystallizaiton as

a Mediator of the Relationship between Career Self-management and Job Decision Effectiveness [J]. Journal of Vocational Behavior, 2010, 76 (2): 234-243.

[130] Wrzesniewski, A., & Dutton, J. E. Crafting a Job: Revisioning Employees as Active Crafters of Their Work [J]. Academy of Management Review, 2001, 26 (2): 179-201.

[131] Wrzesniewski, A., & Dutton, J. E. Crafting a Job: Revisioning Employees as Active Crafters of Their Work [J]. Academy of Management Review, 2001, 26 (2), 179-201.

[132] Xanthopoulou, D., Bakker, A. B., & Ilies, R. The Life of a Happy Worker: Examining Short-term Fluctuations in Employee Happiness and Well-being [J]. Human Relations, 2010, 63 (3): 439-441.

[133] Yarbrough, S., Martin, P., Alfred, D., & McNeill, C. Professional Values, Job Satisfaction, Career Development, and Intent to Stay [J]. Nursing Ethics, 2017, 24 (6): 675-685.

[134] Yilmaz, K. The Relationship between Organizational Trust and Organizational Commitment in Turkish Primary Schools [J]. Journal of Applied Sciences, 2008, 8 (12): 2293-2299.

[135] Zacher, H. Career Adaptability Predicts Subjective Career Success above and Beyond Personality Traits and Core Self-Evaluations [J]. Journal of Vocational Behavior, 2014, 84 (1): 21-30.

[136] Zhou, J. Feedback Valence, Feedback Style, Task Autonomy, and Achievement Orientation: Interactive Effects on Creative Performance [J]. Journal of Applied Psychology, 1998, 83 (2): 261-276.

[137] Zhou, W. X., Sun, J., Guan, Y., Li, Y., & Pan, J. Z. Criteria of Career Success among Chinese Employee: Developing a Multi-dimensional Scale with Qualitative and Quantitative Approaches [J]. Journal of Career Assessment, 2013, 21 (2): 265-277.

[138] 付梦芸. 柯罗诺斯之困——我国研究型大学教师的工作时间及其分配 [D]. 华东师范大学博士学位论文, 2017.

[139] 关培兰, 高原. 知识员工组织职业生涯管理对知识共享的影响——以组织承诺为中间变量的一个实证研究 [J]. 经济管理, 2007, 29 (3): 6-11.

[140] 郭文臣, 段艳楠. 基于挑战与变革视角的新型职业生涯与人力资源管

理时间研究［J］．管理学报，2013，10（12）：1785-1791.

［141］郭小艳，王振宏．积极情绪的概念、功能与意义［J］．心理科学进展，2007，15（5）：810-815.

［142］何祥林，程功群，任友洲，袁本芳．高校师德建设的现状、问题及对策——基于湖北省 H 高校的调查［J］．高等教育研究，2014，35（11）：53-59.

［143］兰文巧．心理契约视角下高校青年教师职业倦怠及其排解对策［J］．黑龙江教育（高教研究与评估），2009（11）：54-55.

［144］李恒．高校青年教师的婚恋压力现状调查［J］．科技视界，2013（5）：29+34.

［145］李金明．高校青年教师心理压力管控与调适［J］．太原大学学报，2010（1）：94-96.

［146］李云，李锡元．员工自我职业生涯管理研究述评与展望［J］．技术经济与管理研究，2016（1）：54-58.

［147］梁芹生．高校青年教师职业压力归因及自我心理调控策略［J］．嘉应学院学报，2005（1）：96-99.

［148］凌文辁，欧明臣．企业员工自我职业生涯管理与组织职业生涯管理初探［J］．广州大学学报（社会科学版），2010，9（4）：38-45.

［149］刘贝妮．高校教师工作时间研究［J］．开放教育研究，2015，21（2）：51-62.

［150］刘朝，张欢，王赛君，马超群．领导风格、情绪劳动与组织公民行为的关系研究——基于服务型企业的调查数据［J］．中国软科学，2014（3）：119-134.

［151］刘华芹，黄茜，古继宝．无边界职业生涯时代员工心理因素对职业成功的影响——自我职业生涯管理的中介作用［J］．大连理工大学学报（社会科学版），2013，34（1）：30-35.

［152］刘宗华，李燕萍，郭昱琅，郑馨怡．组织信任对知识分享的影响：组织认同和高承诺人力资源实践的作用［J］．经济与管理研究，2016（12）：113-122.

［153］龙立荣．企业员工自我职业生涯管理的影响因素［J］．心理学报，2003（4）：541-545.

［154］龙立荣，方俐洛，凌文辁．组织职业生涯管理及效果的实证研究［J］．管理科学学报，2002，5（4）：61-67.

［155］龙立荣，毛忞歆．ICM 与职业生涯成功的关系研究［J］．管理学报，2007，4（3）：312-317.

［156］马苓．教师的组织承诺对组织公民行为及大学绩效的影响研究［D］．河北工业大学博士学位论文，2009.

［157］马跃如，程伟波．自我职业生涯管理结构维度与人口变量的差异性分析［J］．科技管理研究，2010，30（9）：130-133.

［158］买热巴·买买提，李野．服务型领导与员工创造力——基于对领导者真诚性感知调节的研究［J］．经济管理，2018，40（11）：88-103.

［159］苗仁涛，孙健敏，刘军．基于工作态度的组织支持感与组织公平对组织公民行为的影响研究［J］．商业经济与管理，2012，28（9）：29-40.

［160］苗仁涛，张慧，曹毅．成就动机与职业成功：双向视角职业生涯管理研究［J］．劳动经济评论，2020，13（1）：183-200.

［161］苗仁涛，周文霞，冯喜良．双向视角下高绩效工作系统对雇佣双方利益的影响：一项本土化研究［J］．科研管理，2018，39（11）：98-106.

［162］苗仁涛，周文霞，刘军，李天柱．高绩效工作系统对员工行为的影响：一个社会交换视角及程序公平的调节作用［J］．南开管理评论，2013，16（5）：38-50.

［163］苗仁涛，周文霞，刘丽，潘静洲，刘军．高绩效工作系统有助于员工建言？一个被中介的调节作用模型［J］．管理评论，2015，27（7）：105-115+126.

［164］彭芹芳，李晓文．Dweck 成就目标取向理论的发展及其展望［J］．心理科学进展，2004，12（3）：409-415.

［165］齐乾．职业策略的前因、后果及作用机制研究［D］．中国人民大学博士学位论文，2021.

［166］齐乾，曹毅，苗仁涛，俞佳．自我职业生涯管理对组织公民行为的影响研究——以高校教师为例［J］．中国劳动，2020（1）：74-92.

［167］钱颖一．大学人事制度改革——以清华大学经济管理学院为例［J］．清华大学教育研究，2013（2）：1-8.

［168］阮爱君，陈劲．组织职业生涯发展管理的未来走向——与组织特性及相关因素相结合［J］．软科学，2004（1）：94-96.

［169］孙健敏，邢璐，尹奎，杨烨娣．高绩效工作系统何时带来幸福感？——核心自我评价与成就动机的作用［J］．首都经济贸易大学学报，2018，20（6）：44-53.

［170］仝泽民，杨柳．国内高校"非升即走"制度的实施情况与优化路径［J］．高等教育评论，2020（2）：135-143．

［171］屠兴勇，杨百寅，张琪．学习目标取向、共享意愿与员工创造力：机理与路径［J］．科学学与科学技术管理，2016（2）：161-171．

［172］万涛．信任与组织公民行为：心理授权的调节作用实证研究［J］．南开管理评论，2009，12（3）：59-66．

［173］王海翔．高校青年教师心理压力的调查分析及对策［J］．宁波大学学报（教育科学版），2004（5）：74-76．

［174］王先辉，段锦云，田晓明，孔瑜．员工创造性：概念、形成机制及总结展望［J］．心理科学进展，2010，18（5）：760-768．

［175］王友青．高校青年教师职业生涯规划与管理研究——基于西安高校的调查分析［J］．价值工程，2012（8）：263-264．

［176］王震，宋萌，王崇峰，许灏颖．道德型领导对下属反馈规避行为的影响及其作用机制［J］．管理学报，2015，12（1）：96-101．

［177］翁清雄．自我职业生涯管理对职业决策质量的作用机制［J］．管理评论，2010，22（1）：82-93．

［178］翁清雄，卞泽娟．组织职业生涯管理与员工职业成长：基于匹配理论的研究［J］．外国经济与管理，2015，37（8）：30-42+64．

［179］谢倩，陈谢平．论高校青年教师的心理压力与调控［J］．中国成人教育，2007，26（10）：121-122．

［180］辛迅，苗仁涛．工作重塑对员工创造力绩效的影响：一个有调节的双中介模型［J］．经济管理，2018（5）：108-122．

［181］杨秀玉，杨秀梅．教师职业倦怠解析［J］．外国教育研究，2002（2）：56-60．

［182］尹奎，刘永仁．职场排斥与员工离职倾向：组织认同与职业生涯韧性的作用［J］．软科学，2013，27（4）：121-124+127．

［183］于海波，侯悦，何雪梅．主动性人格与职业成功关系研究——领导—成员交换关系中生涯适应力的作用［J］．软科学，2016，30（7）：78-80+85．

［184］于海波，郑晓明．生涯适应力的作用：个体与组织层的跨层面分析［J］．心理学报，2013（6）：680-693．

［185］张建卫，任永灿，赵辉，周洁．变革型领导对多层面创造力的双刃剑效应［J］．外国经济与管理，2018，40（5）：31-42．

［186］张剑，冯俭，李凌云．领导对员工创造性绩效的影响机制研究
［J］．北京科技大学学报（社会科学版），2009，25（4）：38-42.

［187］张剑，宋亚辉，杜新波，董荔．企业员工的情感与创造性绩效的关
系：基于因果定向的调节作用［J］．预测，2013，32（5）：8-14.

［188］张文勤，孙锐．知识员工目标取向与知识团队反思对知识活动行为的
交互影响研究［J］．南开管理评论，2014，17（5）：33-41.

［189］张学和，宋伟，方世建．成就动机理论视角下的知识型员工个体创新
绩效实证研究——基于部分科技型组织的调查数据分析［J］．科学学与科学技
术管理，2013（1）：164-171.

［190］张莹瑞，左斌．社会认同理论及其发展［J］．心理科学进展，2006，
14（3）：475-480.

［191］甄美荣，朱永跃，庄晋财，郭本海．心理资本、目标取向与创新行
为——组织创新氛围下的两层次多效应研究［J］．软科学，2015，29（11）：
101-104.

［192］周浩，龙立荣．家长式领导与组织公正感的关系［J］．心理学报，
2007（5）：909-917.

［193］周婉茹，周丽芳，郑伯埙，任金刚．专权与尚严之辩：再探威权领导
的内涵与恩威并济的效果［J］．本土心理学研究，2010，34（12）：223-284.

［194］周文霞，李博．组织职业生涯管理与工作卷入关系的研究［J］．南
开管理评论，2006，9（2）：69-77.

［195］周文霞，谢宝国，辛迅，白光林，苗仁涛．人力资本、社会资本和心
理资本影响中国员工职业成功的元分析［J］．心理学报，2015，47（2）：
251-263.

［196］周文霞，辛迅．工作重塑对员工创造力绩效的影响：一个有调节的双
中介模型［J］．经济管理，2017（5）：108-122.

［197］庄国萍．浅析高校青年教师心理压力的成因及调适［J］．潍坊学院
学报，2005（5）：143-144.

后 记

我们知道，探索和开发一种有效并具有适应性的职业生涯开发与管理系统，能够对确保员工取得职业成长，并最终获得职业成功做出贡献，始终是每一位职业生涯开发与管理研究者与实践者追寻的目标。之所以专注于职业开发与管理的研究，我的研究兴趣始于全职博士后研究期间，受我的导师中国人民大学劳动人事学院周文霞教授的耳濡目染，她长期投身于职业开发与管理的研究，是该国内领域的知名学者和主要贡献者之一。在博士后工作站期间，我的研究领域主要聚焦于战略人力资源管理，虽然没有全身心地投入职业开发与管理领域，但每周团队定期组会中的成员大多聚焦于职业开发与管理领域，在博士后工作站的两年使我逐渐对该领域生出浓厚兴趣。真正投入该领域的研究，并进行学术论文的撰写和发表及省部级以上课题的研究思考、设计与申报，则是进入首都经济贸易大学劳动经济学院人才学系工作以后的事情。由于连续多年地专注于战略人力资源管理研究，在权威期刊发表论文、出版学术专著、省部级以上纵向课题获批等方面有一定的积累，也取得一定的成绩。但是，在接下来如何进一步推进战略人力资源管理的深入研究时，发现创新性的研究想法（Idea）已经没有了，且时常有一种"黔驴技穷"的感觉，要在战略人力资源管理领域继续追求点滴学术创新，都是极为困难的。

此时一个想法进入脑海，就是能否将职业生涯开发与管理融入战略人力资源管理研究中，将两个领域有效结合起来进行研究？随后，通过大量的文献搜索、阅读、梳理和思考发现，虽然国内有关职业开发与管理的研究起步较晚，但在一众学者的努力下已取得一定成果，做出了贡献。然而目前此领域仍处于研究的初期阶段，与国外在该领域的研究和发展还存在一定的差距，学者仍倾向于将西方职业生涯管理的内涵、相关理论与实践措施直接用于检验国内人员的职业生涯开发与管理。因此，职业开发与管理领域极可能成为一个未来研究的"富矿"，研究前景可期。

在接下来的时间里，基于前人的实证研究成果和理论贡献，我尝试找出可能有些微突破与创新性的领域。众多学者在不断地从不同视角研究职业生涯管理（或组织职业生涯管理或自我职业生涯管理）与结果变量的关系，尝试揭开其中的"黑箱"。为了避免产生对聚焦于揭示"黑箱"的从众感知，在辛迅教授的启发下，尝试进行双向视角（组织与个体）职业生涯管理的"联合/交互效应"研究进入研究视野。不同于过往研究多关注单一视角职业生涯管理对个体的影响，我开始专注于研究组织职业生涯管理与个体/自我职业生涯管理的共同作用。与此同时，我开始思考我国一个特殊的群体——高校青年教师，这一弱势员工群体的职业开发与管理的问题。随着时间推移与精力的持续投入，新的研究观点和研究计划日渐增多，并将其付诸实践——学术论文的撰写与纵向课题的申报。主题为"北京市高校青年教师职业幸福感与绩效提升的跨层次路径研究（SZ20161003820/15JGB211）"的北京市教委社科计划重点项目（北京社科基金项目）、《成就动机与职业成功：双向视角职业生涯管理研究》（《劳动经济评论》）、《自我职业生涯管理对组织公民行为的影响研究——以高校教师为例》（《中国劳动》）、《工作重塑对员工创造力绩效的影响：一个有调节的双中介模型》（《经济管理》）等相继获批和出刊。这些都促使我对中国高校青年教师的职业生涯管理研究产生兴趣，也是完成此书的动力所在。

经过几年的研究探索，职业开发与管理领域的一个新的研究术语映入眼帘——工作重塑（Job Crafting），是指员工利用各种机会，通过积极改变任务、动机、认知，以及与同事互动来定制工作方式的一种独特的主动性行为。不同于传统的来自组织和领导的"由上而下"的员工"被动接受"（如等、靠、要）的组织管理方式，工作重塑实现了"自下而上"的主动性管理方式而颠覆了员工"被动接受"的管理方式，因此工作重塑成为研究热点。而我的想法则是，是否采用"自下而上"的管理方式就不需要"由上而下"的方式了呢？兼顾好"由上而下"与"自下而上"两种管理方式可能成为一个新的研究突破点和热点。因此围绕该方向，我申请获批了 2020 年度国家社科基金一般项目"数字时代弱势员工群体工作重塑的结构、前因组态及动态效应的跨层次研究（20BGL149）"，以及数篇工作论文也处于修正和完善之中。

回顾本书的撰写，要衷心感谢我的导师周文霞教授，感谢她在繁忙工作之余给予我的全力支持和悉心指导，其孜孜不倦的工作精神、严谨的治学作风以及谦和的待人态度是我工作和学习的榜样，其中尤以谦和的待人接物使我在后续研究过程中始终能够独立自主、心情愉悦，也能够基于兴趣进行研究。感谢她一直以来为我提供的指导、支持和帮助，我的每一个进步都离不开她的指导。能有机会得到周文霞教授的指导，对我后来一段时期的科研工作具有重要的意义与深远的影响。

首都经济贸易大学劳动经济学院是一个学术气氛浓厚、思想活跃、催人奋进的学院。来到劳动经济学院工作以后，之所以能够取得些许成绩，离不开院长冯喜良教授的关心、支持和帮助，这体现在工作、科研上，也体现在生活上。此外，劳动经济学院的老师无论是前辈、同龄还是后辈，他们既个性鲜明，又都学识渊博，散发着道德和智慧的光辉。在这里，让我深深感受到智慧、知识和个性的魅力。这是一个令人向往的大家庭。

在写作过程中，得到了团队成员中的辛迅教授，曹毅、西楠、俞佳、杜慧四位博士，张慧、成曼曼两位硕士的支持和帮助，并感谢李桐、张佳玥、王佳偲、张翔、王子琼等硕士在排版工作中的付出。成员及学生的优异表现，是对我的支持和帮助。

我还要感谢我的父母、岳父母和我的妻子，在我多年的求学生涯和工作中，他们一直给予我最坚定的支持和最无私的奉献，一直是我前进道路上最坚强的后盾，他们的关心和鼓励是我取得些许成绩的基石和不断进步的动力。尤其是我的妻子（无论是求学、工作还是生活），其始终肩负着抚育孩子的重任，无怨无悔，并且把我们的儿子培养成为知书达理、聪明内敛、积极乐观、招人喜欢的，但有些胖胖的小王子，从而使我始终能够全身心投入研究工作中。还要着重说一下我们可爱的儿子——苗德琳，从儿子出生到现在，虽然研究与工作压力很大，但儿子的到来与快乐健康的成长给了我莫大的鼓舞与信念，因为他是我"最重要的标志性成果"。然而，作为父亲的我没能为儿子做什么，甚至最基本的陪伴与怀抱都是相当的奢侈。因此，我会经常反思并抓住一切时间、机会多陪伴我的家人，多为他们做些什么。然而，此时的我能做的只是最衷心的感谢和祝福我的至亲！

苗仁涛

2022 年 3 月于首都经济贸易大学博纳楼